移民紐西蘭

優悠生活指南

賣字人著

目錄

第三章 不要不要假設我知道

第四章 站著卧著都分享

目錄

自序

Kia Ora Koutou （紐西蘭土著毛利語：大家好！）

下筆的時候，正在申請紐西蘭公民權等候批核。筆者05年申請移民，翌年獲永久居留權，基本上跟公民一樣，享有醫療、教育、福利、投票權，可以無限次出入境，只差一本紐西蘭護照。12年為發展寫作事業回港，花了8年，20年第二次移民。

回港這8年間，寫了幾個得獎的故事，出版過小說也寫過舞台劇。有作品獲藝術發展局資助，生活過得不好不壞。20年，43歲，反正已跟香港市場取得聯繫，加上疫情下在家工作的新常態，人在紐西蘭也可以在中港台澳發表作品，覺得是回紐西蘭的時候，成就了第二次移民。

寫這本書，大部份是筆者個人第一身經歷，輔以少量的資料搜集，只望管中窺豹，不求一覽無遺，盡力以一個旅居紐國奧市前後十年的中年香港移民的視角，為大家介紹這個世界邊陲的島國。

Nau mai haere mai ki Aotearoa
（毛利語：歡迎來到紐西蘭！）

2022．夏(即讀者們北半球的冬天)

推薦序

大蛇是我的聽衆，亦是出過三本小說的賣字人。

曾回港追夢，做創作，我問他為什麼最後會回流紐西蘭，他說想追求work life balance的生活；噢，一言驚醒，這種節奏可也是不少人夢寐以求的，同是追夢！

移民／旅居都是近年身邊朋友會討論甚至已經實行的事，大家最常談及或擔心的往往是：如何在當地搵到工搵到屋。書中大蛇仔細列舉了行業的工資、比較容易申請工作簽證的工種、買樓開放日點玩法、租樓的秘訣等等，全都以過來人的身份跟大家分享，非常實用及貼地，就活像有個當地人指點你一切，睇過就知佢咩料！

旅遊時，enjoy a city like a local先係皇道，今次移民咁大件事，梗係先參考一個地膽嘅生活提煉至係世一。

無論身處何方，夢一定要追，祝大家人生旅程愉快。

叱咤903 西加航空主持

謝茜嘉

推薦序

港人融入紐西蘭手冊

《關你紐事》作者「賣字人」是多年同窗，十多年前移居紐西蘭以來，持續撰文介紹紐西蘭港人的移民生活，其經驗、態度都很值得每個嘗試移居的香港人借鏡。

「移民」並非單是尋求理想生活，要如何融入當地社會、同時保留對自身身份認同的堅持，從來不容易。對香港人而言，紐西蘭是個既熟悉、又陌生的國度，目前也沒有如英、加、澳等國提供救生艇計劃，但作者認為移民紐西蘭並非難事，或真正的困難在於到達後的適應，多於程序本身。

因此，此書即由最基本的問題談起，例如對移民的心理準備，會否遭本地人歧視、標籤為「二等公民」，有什麼途徑移民最方便，租房買樓要注意什麼問題等，都有很仔細的分析。作者的親身經驗，絕不賣弄高調，尤令港人讀之心生共鳴。

作者特別指出，紐西蘭有25%非本地出生人口，移民人口很多，素來重視多元文化，有如四海一家的地球村。來到紐西蘭的華僑，可以自由選擇生活圈子，年長一輩雖然多留在唐人街，但年輕男女融入本地文化，皆可生活愉快。實際日常生活，銀行亦有多語櫃檯，一再反映當地重視移民文化。

翻閱此書，作者對移民的態度很有先見，他認為現今世界的身份、文化認同和社會了解等，早已不局限於地域。假如我們有心，透過互聯網，一樣能知道香港發生的種種事情，同理也可以多了解崛起中的南太平洋區域關鍵小國紐西蘭。當我們身在紐西蘭，最常見的問題是「你來自何方」，結果卻令紐西蘭人彼此更熱心分享異地文化和故事。這樣看，四海漂流的過程，不就港人面向國際的一環嗎？

堅離地城國際生活台版主

沈旭暉

定居紐西蘭 / 奧克蘭 8大優點

1. 奧克蘭氣候四季佳宜，鮮有極端天氣。
2. 多元文化社會，沒有個別種族長期被欺壓或歧視。
3. 華人人口多，資源豐富，飲食購物娛樂途徑不缺，無懼鄉愁。
4. 民族大融和，新移民容易融入社會。
5. 物價跟最低工資相比，購買力比香港強，生活質素高。
6. 奧克蘭和幾個大城市都不斷在擴建，就業機會增。
7. 有繁忙城市亦有偏遠小鄉村，動靜皆宜。
8. 彈性上班時間，部份公司行四天工作週，年齡友善工作環境。

1.氣候

紐西蘭最大城市奧克蘭氣候宜人，冬天鮮有下雪，筆者居奧市十年才遇過一次下雪，只是歷時約五分鐘，晚上最冷不低過零度。

夏天最高不超過三十度。有一次連續三天二十八度以上，報紙已登頭版指熱浪來襲。這樣的天氣對慣了夏天三十六七度的香港人而言，算是相當能接受的熱。而且，奧克蘭的夏天熱而不濕。

談到雨天，奧克蘭冬天是雨季，但最嚴重也不過如香港的黃雨一樣，鮮有如紅雨黑雨。由於出入都開車，所以上班和外出都是點到點，戶外淋雨的機會少，下雨也不用打傘，不會像香港那樣，有雨傘都混身濕透的狼狽。

至於其他城市，除了南島冬天有雪外，一般不會像加拿大一樣零下三四十度。也不會像英國一樣，連日陰天灰矇矇。

2.多元文化社會

據2021年政府數據顯示，紐西蘭約75%人口於本國出生，其餘25%為外來移民。還要考慮到，本國出生居民中有第二代移民，即是既非歐洲移民亦非原著毛利人，可能是移民後裔或混血兒。在紐西蘭這個國家，膚色種族文化背景分佈很平均，沒有一個獨大的民族，所以沒有一個個別種族被欺壓或歧視。

自21年起，筆者在 Te Wananga O Aotearoa 就讀。本地人視她為毛利大學。筆者在學校裏要學毛利語、唱毛利歌和學習毛利歷史和文化。毛利語是紐西蘭法定語言之一，小學生也要跟筆者一樣學毛利語、唱毛利歌和學習毛利歷史和文化。國家隊隊際隊伍在國際賽場上，比賽前都會跳毛利戰舞Haka，可見紐西蘭並非一個白人主導社會，同時尊重原著文化。

3.華人社區繁華

根據2018國家人口普查統計，全國華人有247,770人。讀者們又可會想到，在實體報紙全盛時期，全國有十三份免費中文報章！當時英文收費報章只有三份。只是近年流行手機新聞，中文報章才日漸被淘汰。可見華人社會繁華，新移民可以容易接觸到家鄉物事。

此外，奧克蘭亦有多個華人社區。例如東區 Sommerville 有華人生活圈，裏面有大量華人食店和商店。大約2012年，奧市東區 Ti Rakau Drive 上亦興建了中國城商場。中區 Dominion Road 亦被視為歷史傳統唐人街，雖然沒有像倫敦和悉尼那樣的大牌匾，但街上亦有大量華人店舖和中國各地名菜美食。至於其他各區，亦不難找到港式飲茶、中式燒味和其他地道美食。

4.民族大融和

早年當華人電視台強盛時，新秀歌唱大賽和華裔小姐選舉是全國大事。決賽或/和賽後慶功宴和表演，總理會親自或派高級官員出席。近年華人電視台投資縮減，同時更多市民透過上網看電視，比賽受官方重視程度才有所減退。至於一年一度的新春花市，總理一般都會出席為醒獅點睛。

另外，紐西蘭內閣設有「種族社區部」（Ministry of Ethnic Communities），專責照顧不同種裔，例如定立平等機會法，確保非主流種族和新移民在工作、學習、文化、生活等多方面受到公平對待。上面提到總理出席華人活動，都是種族社區部的政策。官方不會厚此薄彼，印度人的屠妖節、伊斯蘭教的新年以及其他種族的大型活動，官方都會派員出席。

5.購買力強

紐西蘭的最低工資為時薪二十元，折合約108港元，是全球第六高工資的國家。但物價並不貴多少，舉個例子：麥當勞的套餐是全球性的，世界各國都是一個魚柳包、一份薯條加一杯汽水。2022年在紐西蘭，一個魚柳包套餐賣8.5元，即是一個小時的工資可以吃兩餐有餘。但在香港，最底工資為時薪37.5元，但一個漢堡包套餐賣31.2，即是工作一小時才能夠吃一餐。

至於其他生活必需品，例如汽車，一部8至10年、行駛了110,000至130,000公里左右的二手日本車，大概賣4000紐元，即約21,000港元。假設時薪二十元，一星期工作36小時，即是一部入門汽車等於一個半月的全數工資。

其他糧油食品價格，詳見附表。

6.發展中的紐西蘭和奧克蘭

奧克蘭位於北島中北部，近年城北向 Long Bay 發展新市鎮，城南亦向 Papakura 發展。東南部的 Flat Bush 社區發展了約十年，近年已自成一角，有自己的商場 Ormiston Mall，很多香港移民都喜歡搬到那裏。

城市不斷發展，提供了源源不絕的就業機會。如果想住新區新樓，移民亦有不少選擇。

如果想住得大一點和房價便宜一點，亦可以考慮住在周邊小鎮。這些小鎮同樣不斷在發展中。日常生活購物所需不缺，亦有大路或公路通往大城市上班，只是每天要舟車勞頓遠一點上班下班，但生活質素不減，甚至可以享受小鎮的寧靜和大地。

7.動靜皆宜

一如前述，居於紐西蘭可以選擇在大城市，也可以選擇住在小鎮。所謂小鎮，並不如香港般跟鄰居接近和稠密，最近的鄰居可能要走路五至十分鐘才到，真夠寧靜隱私，房價亦因此而便宜一大截。

但如果想住得靜中帶旺又旺中帶靜，奧克蘭已經很不錯。奧市最大的特色是：開車五分鐘內可以找到一片草地，十五分鐘內可以到海邊。雖然是最大城市，但不乏休憩的地方，而且這些草地不少是未經人工修飾，只是原始大草地，本地人叫 Reserve，有的更比標準足球場還大。

至於消費項目，奧市亦不難找到卡拉OK、酒吧、保齡球場、桌球室、電子遊戲中心、室內攀石場等，真正動靜皆宜。

8.彈性上班

紐西蘭上班族很多是按時薪，可以一星期四天工作，也可以一星期五天工作，全按工作長短發薪。紐西蘭重視 Me time，亦有不少人選擇工時再少一點，寧願再少賺一點。

有部份公司實行四天工作週，這種工作模式再分成兩種：一種是星期一至日七日裏面工作四天，休班三天；另一種是連續工作四天後，休班兩天，再連續工作四天，休班兩天。後者的意思是：星期一至四工作，休星期五六，然後工作星期日至三，休星期四五，如此類推。工作多少，豐儉由人，多勞多得，不如香港般一星期工作五六天，每天加班到六七八點。

甚麼是年齡友善工作環境？讀者們搭一次紐西蘭航空公司航班便知。紐航空中服務員中不乏年長人士，香港的空服人員到四十多歲便可能要轉做地勤，但紐航可以做到退休。另一個行業是美容用品售貨員，在紐西蘭，讀者們不難找到年老色衰的女士仍在賣化妝品給青春少艾。在紐西蘭，根本不會有人做到四五十歲遇上中年危機，被迫轉行做餐飲做大廈管理員。

第一章——
移民基本概念要搞清

#1
移民等於三等公民，等食、等睡、等死？

移民等於三等公民這種理論是上世紀的移民世界觀，根本有問題。

上世紀移民西方國家的華人，大多靠出賣勞力。他們未必深諳英語，甚至只會簡單溝通。但他們克苦耐勞，肯做體力勞動工作，例如洗碗、清潔、鐵路、建築等。而且，上世紀的社會科技不如今日發達。移民多聚居一區，組成唐人街，更有利發展出終日不需用英語的華人族群。他們不融入本地社會，不看本地新聞，不會唱國歌，對新宗主國完全沒有身份認同。又由於他們大多從事體力勞動工作，又肯放棄休息的機會多賺一分錢，所以才會培養出所謂「等食、等睡、等死」的三等習性。

行文時是2021年，今日社會，3歲80歲都會上網。大家同住在地球村，不用分得那麼細。透過互聯網和電視，每一個人都足不出戶能知天下事。偉業在美洲知道香港在疫情間的限聚令變化，瑪莉在澳洲天天在看 Viu Tv 的《Error自肥企劃》。2021年，國與國之間在文化上消息流通上已沒有邊境。香港的世界跟奧克蘭的世界，界線變得模糊，分別只在於我們的生活習慣。移民前，上班要迫巴士迫地鐵；移民後，出入靠開車點到點懶於走路。移民前，一家四口兩房600呎已萬分感恩；移民後，三房房子連兩車位前後花園不過每週租金3000港元。

筆者的經歷

有一次，長輩透過 WhatsApp video 跟我們談到，正組織在疫情下相約行山。遠在紐西蘭的我表示：可以試試去看犀牛石拍照留念，山路易行，怪石值得拍照留念。不要去天窗石，排隊拍照要等半小時。長輩不聽，認為天窗石是遊人首選，無論如何也值得去。

結果，長輩經歷真的如筆者所知，天窗石人多難行，路上擁擠，跟市區沒兩樣。排隊影天窗石要排上四十分鐘，大掃雅興。可見，透過互聯網，今時今日我們上至美國總統選舉誰勝誰負，下至家鄉郊遊好去處近況都一目了然，天涯若比鄰。

另一個例子，足以舉例說明今日的移民勤奮上進。筆者移民紐西蘭，2021年入讀社工學士第一年。某一次上課分組活動，按種族分組討論民族世界觀。本土人僅佔全班50人中16人，其餘34人都是移民，可見移民中亦有人上進勤力讀書增值。

分組活動中，16人是毛利人或土生白人，10人是湯加人，9人是薩摩亞人，6人是庫克群島人。我身為香港人，加入了「國際組」，有9人。除了我以外，3個印度、1個智利、1個菲律賓、1個紐埃、1個斐濟、1個索馬里。就這樣，導師按種族把我們50人分成5組，討論不同民族的世界觀，與及個別世界觀怎樣影響我們選擇讀社會工作學。

#2
移民要坐移民監？

所謂「坐移民監」，是指成功申請移民後，新移民要在移居地住滿若干日子以上，才能獲得公民身份、或戶籍、或護照。

有「坐移民監」思想的人，是因為考慮到最初移民的日子不能回原居地探親，也不能外遊，感覺猶如坐監。但認真地想想，移民的活動空間和自由度絕對比坐牢大。為了自己和下一代爭取更好的生活環境、更大的自由度，犧牲兩至三年的小小出國權，其實微不足道。

再者，移民後留在國內的首兩年，人民絕對可以自由活動。可以工作、可以國內旅遊、可以上網、可以享用免費醫療服務。在紐西蘭，有了永久居留權而未有公民權和護照也可以在大選投票。從人身權利方面想，移民後初段日子絕對不是「坐監」。

移民是一個選擇：可以選擇移或不移；選擇移，可以選擇移到哪裏。可以是英語國家，可以是西歐社會，甚至可以是大灣區。無論你選擇移居哪裏，一定是因為你看好當地的發展，覺得整體而言移居地比原居地好，才會選擇移民。沒理由你覺得某個遠方窮國氣候差經濟差找不到工作又言語不通，但你竟然選擇移民。既然你喜歡移居地，就不該抱怨「坐移民監」。追求更好的生活，又怎會是坐監呢？

#3
移民等如離棄父母、離棄家人？

回答這一條問題前，問大家一條問題：如果你要買冷氣機，東芝、日立、開利、三菱……你不知哪一個牌子比較好用，你會不會詢問用家意見？或者掉轉方向，你是某牌子的冷氣機用家，你覺得該牌子好用，有人問到，你會不會向他推薦該牌子？

情況類似。你選擇了移民紐西蘭/澳洲/英國/任何一國，你住上了一段日子，發掘了該國的更多優點，會不會向家人推薦？

試想想，移民是大事情，移民後要重新適應生活、社區、工作、氣候等各樣各樣。移民前你一定會做足夠的功課，資料搜集少不了。東南西北這麼多地方可以去，你偏偏選擇落戶某國，一定有你的原因。有誰會因為秘魯（ Peru ）國名只有四個英文字方便易記而選擇移民？既然你衡量過移民的好處，移民以後又找到了更多的好處，何不建議家人朋友同樣移民，甚至幫助他們移民？

所以，即使移民，你沒有離棄了你的家人。相反，你應該給他們一些意見，研究移民的好處，幫助他們移民團聚。情形就像買電器、車子或房子一樣。你買了一所好房子，可以邀請親朋戚友來造訪，看看附近環境也看看房子間隔，看看他們是否合意搬過來做鄰居。移民安頓好以後，邀請朋友來旅行，看看是否適合也移民過來。抱有這樣的想法，你便沒有離棄家人、父母或朋友了。

#4
移民要動用大量儲蓄，甚至花光多年儲下來的強積金，值得嗎？

凡事皆有優點缺點，如果移民完全沒有犧牲，香港的移民人數可能不只這麼少了。

移民到陌生的國家，找工作的所須時間比在本地長，這是不爭的事實。當然往好處想，如果選對了合適的行業和工種，加上運氣可能在短時間內找到不錯的工作，那麼，所謂「食老本」，也只是食一段短日子，很快可以重新起步。

要避免在移民後出現工作「真空期」，即移民後要呆上好一會才找到新工作，第一份工作很重要。筆者建議新移民第一份工一不要拘泥於做老本行，二不要找一些需要接受複雜訓練過程的工作。關於找工作要注意事項，詳見後面篇章。

移民，我們要考慮的是：所犧牲的所放棄的跟所得到的比一比較、秤一秤，值不值得放棄原有生活去移民？移民，缺點是動用多年積蓄、轉工轉行、離鄉別井……還有哪些缺點？自己羅列。移民，優點是子女讀書壓力大減、更佳社會保障與福利、交通不及香港擠塞……還有哪些優點？自己羅列。所以談到是否值得動用積蓄外闖，讀者們要自己衡量，所得所失，人人不同，如果你追求的生活是外國能給你的，你自然要放棄某些東西和價值去換取新生活。

#5
我英文不好，怎樣移民？

語文不外乎聽、講、讀、寫四方面。誠然真的有人四方面都不好，有感移民後難以跟當地人溝通。紐西蘭有25%人口都非本地出生，屬不折不扣的外來人口，所以不用怕英語水平不好，因為跟你溝通的可能比你更差。

先講聽和講方面。筆者行文時在唸社會工作學士學位課程第一年。第四年需要實習，有一次大課堂上遇見實習中的四年級師姐，筆者把握機會問她實習的體驗。師姐問我，如果命運能選擇，智障、精神病、老人、更生、家庭暴力、青少年等這麼多範疇，想到哪一個範疇實習？我說一定不揀青少年，因為青少年服務的對象多是綴學生，他們的文化水平不高，常常用俚語和術語，很難溝通。就像廣東話，如果我向懂廣東話的外國人講一句「條茂利呢鑊好似high咗，唔𢇁係淆底褪軚呀嘛？」如此俚語俗語，外國人也會摸不著頭腦。師姐指，即使她是以英文為母語，做青少年服務時也感到難以跟青少年溝通。又例如看醫生，奧克蘭市內有不少廣東話和國語西醫，即使到醫院看專科，既可以要求有廣東話或國語翻譯，又可以要求醫生用人體模型或圖表去講解。說 Trachea 聽不懂，可以簡單說 Wind Pipe；說 Gynecology 聽不懂，可以簡單說 Women’s problem；Saliva 聽不懂就說 Mouth Water。這些醫學術語有時連本地人都不懂，外來人不懂也不是問題。

對啊！既然以英文為母語也溝通不了，我們以英語為第二語言，豈非更難溝通？也不。另一個例子是：筆者上課時坐在一個本地同學旁，老師在講課，她在上 Google translate 翻譯生字：theory（理論), demonstration（示範）和 practical（實際的）三個字。這三個字對香港中學生來說可能不算太深，一般都應該會，但一個以英文為母語的大學一年級生竟然不懂這三個字，可見本地人的英文也不見得一定很好。所以，想移民的話，不用對自己的英文程度有很高的要求，基本可以溝通就行了。

再者，如果英文水平真的不高，但又有心移民，可以努力學習。男士喜歡看球賽，可以上網看賽事和球隊新聞，看完英文版再看香港報章和網站中文版，一則可以學英文，二則可以知道描述同一場球賽時，中英文各有不同的文法和重點，絕對是學英文的一個好途徑。女士亦可以看美劇澳劇，亦是學英文的一個好方法。現在的電視很先進，可以調較字幕。筆者在紐西蘭看電視都開動字幕，聽不清楚便同時讀字幕，方便理解。學語文對筆者而言從來不是一種難題，心態才是難題。有心去學語文，自然會找方法去常用語文，使它變成日常生活的一部份，成為習慣。

再講讀和寫兩方面。問問自己：平日在香港，甚麼時候最多讀中文？甚麼時候最多寫中文？相信都是工作上吧？筆者移民紐西蘭當社區助理和社工，工作九成時間面對受助者，讀和寫英文的機會很少。就算上網讀新聞都是讀中文新聞，看的都是中文短片，讀英文的機會真的不多。至於寫，不錯有時要寫報告給上司，但都是二三百字的短文，簡單能明白便可，不是寫莎士比亞文學巨著，不用用上很複雜的英文。更何況，有很多工作都不牽涉讀寫英文，所以對讀寫能力要求不高，還是專注練好聽和講的能力比較實用。

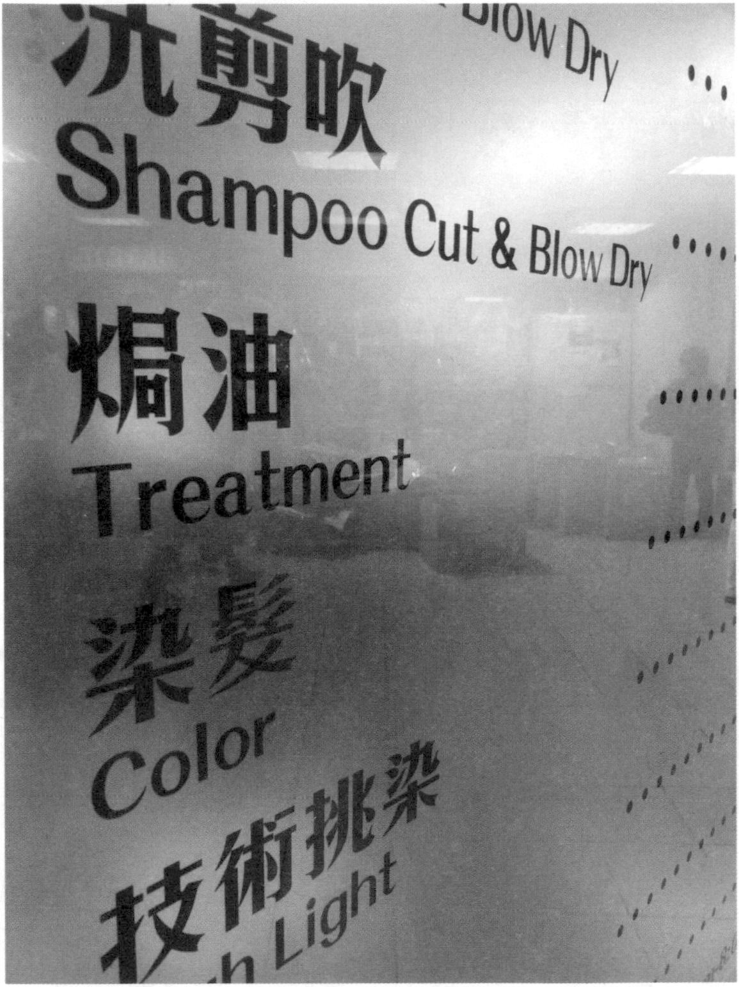

總體而言，移民紐西蘭對英語水平的需求，基本溝通可以。還感到有問題的話，Google translate 幫到你。日常生活中遇上陌生的生字交代不了，紐西蘭人不介意你拿出電話做翻譯的。

#6
不想移民，因為不想做二等公民。讀書和就業機會，都給本地人優先，機會是不會留給移民的。

據紐西蘭官方統計，2020年人口中，自然生長人口（出生減去死亡人口）為25,600人，淨移民人口（移入減去移出）為79,400人。你說，人在這國家還怕自己是新移民嗎？上文亦提到，紐西蘭人口中多達25%是非本土出生的，加上他們的第二代，所謂的「二等公民」的界線也給模糊化了。

至於談到實際環境，新移民的讀書和就業機會會否受到限制？其實這一點很受個人選擇和際遇所影響，很難說新移民一定被歧視。

先說工作問題。在紐西蘭，很多工種都需用到華語（國粵語），懂華語是一門求生技能，甚至是一種優勢。很多行業的門市部，例如藥房、銀行、電訊、餐飲等，都需要懂國語粵語英語的工作人員。

例如藥房，所需的不僅是藥劑師，而是懂國粵語在類似香港萬寧

PUMA

和屈臣氏的服務代表。只要求職者懂兩文三語，要找藥房工作不難。訓練一個員工懂操作收銀機和賣個人護理產品易，訓練一個員工兩文三語難。而且，在紐西蘭，勞動階層絕對沒有年齡歧視，60歲也可以做百佳惠康萬寧。所以只要懂兩文三語，又肯學做藥房零售，絕對不是二等公民。

二等公民存在於人心。筆者去見工或者上學，逢人見面必定拋出一句毛利語「你好！」——「Kia Ora」。筆者兩次移民紐西蘭，2005年第一次到，2008年開始讀一個第四級資歷架構的社會工作課程，相當於香港的高級文憑；2011年畢業，又進入奧克蘭理工大學讀創意寫作碩士課程。2020年第二次移民，2021年開始讀第六級資歷架構的社會工作課程，相當於香港的學士學位。三次讀書一樣，上課跟同學老師打句招呼「Kia Ora」；三次讀書一樣，同學之間有島人有白人；有本地人有外來新移民。每次讀書，筆者都用第二語言英文讀書書和交功課，只要盡了力，一樣能夠順利畢業。同學之間有新移民，英文程度未能順利畢業者，結果稍遲一個學期或一年亦終能畢業。老師和教授不會因為同學是新移民而將之標籤為「二等公民」。

#7
最低入門門檻移民方法——工作簽證與讀書簽證

要移民紐西蘭，可以申請讀書、工作、依親、難民或投資簽證。筆者認為，最容易申請、入門門檻最低的方法，要數工作簽證與讀書簽證，以下會逐一為大家分析和闡述。

先講工作簽證。如欲移民紐西蘭，但資金有限不能申請投資移民；沒有親人在當地而又非難民，可以申請工作簽證。

有兩個行業比較容易申請工作簽證，一是教育，二是健康助理。教育比較簡單，如果在香港有教學經驗，不管是幼兒園、小學、中學、大學還是特殊學校，就可以來紐西蘭任教。要獲紐西蘭教席，先要過 NZQA 一關。那是紐西蘭專業認證機構，負責為外國專業資格轉為本地承認資格。大概是，你要為 NZQA 提供一切相關證書與推薦信等，令紐西蘭教育當局承認你的教學資格與經驗。當然，香港老師們還要考IELTS，證明英語水平及格才可以到紐西蘭教書。

教育是紐西蘭長期缺人的工種。有部分學校中的老師出現嚴重超時工作的問題，極需要新血補充。因此，很多中小學幼稚園都肯為合資格外地教師申請工作簽證，安排他們移民來紐西蘭工作。以大奧克蘭區為例，多年以來，幼兒教育到專上教育工作都被列入技術移民工種，歡迎55歲以下老師申請，而且據2021年政策，技術移民落地即可獲永久居留權。

不要擔心紐西蘭對老師的英語水平要求很高，筆者眼看女兒由幼兒園到中學，一直都遇到外籍老師，他們都有自己的口音，學校並非百分百全部由本地老師任教，有外地口音一樣可以執教鞭。

話雖如此，我可以教以往在香港教的學科嗎？英文？不用想了，香港英文老師的水平很難及上本地老師。其他學科都可以，不過最吃香的一定是「第二語言——中文」或「中國傳統語言」兩科。

#8
地區技術移民（Regional Skill Shortage）是甚麼？

本文不是分享紐西蘭應付疫情的政策，而是要分享紐西蘭報章報新聞常用只有當地人才明白的縮寫。GP 是 General Practitioner，即是家庭醫生。這是紐西蘭長期缺人的工種。DHB 是 District Health Board，即是地區衛生委員會，管轄公立醫院、診所和健康與衛生相關服務，亦是另一個長期缺人的工種。香港醫護人員和社工，在紐西蘭不難找到工作。

根據2021年的紐西蘭移民政策，醫生和護士是屬技術移民，可以申請技術移民簽證來紐尋找相關工作。技術移民有分「長期技術移民」和「地區技術移民」兩種。專科醫生、護士和大中小學教師，都屬於不少紐西蘭地區的「地區技術移民」，至少最大城市奧克蘭和首都威靈頓，均接受上述工種申請「地區技術移民」。

「地區技術移民」將紐西蘭分做 Northland, Auckland, Wellington 等15個區，其實每個區所需的技術移民種類大同小異，留心看留心比較才能分辨出當中的不同，大抵都是林農業、教育、醫護和貿易等幾個大類，只是15個區中的不同地域在技術細項中有所不同。不過整體而言，要移民到奧克蘭或威靈頓，教育和醫護是香港人最易獲聘的兩個大項。

#9
移民後會否「搵唔返」，收入少一大截？

先講最低工資。2021年，香港最低工資是每小時港幣37.5元，紐西蘭則是20紐元，即約港幣108元，差不多是香港3倍。你說，移民紐西蘭收入會增加的機會大還是會減少的機會大？

談談現實情況。如果讀者在行業內有一定經驗，在紐西蘭找同一工種，因為最低工資比香港高，收入自然水漲船高，不用擔心收入比香港低一截。

退一步，如果找不到原來行業和工種，也可以如筆者建議做銀行或電訊公司門市營業代表，一般年薪約6萬紐元，即月薪約27000港元。讀者們以此為指標，正正常常一個華人可以在紐西蘭找到一份月薪約27000港元的工作。奧克蘭物價不比香港貴很多，但光是房屋支出已是香港的一半至三分之二，所以這個收入絕對能夠過不錯的生活。

以下是人力資源公司統計，2021/22年奧克蘭不同工種的年薪中位數。

職位	年薪（紐元）
2年經驗初級會計師	42,000-50,000
企業初級會計師	77,000-92,000
企業中級會計師（管理）	122,000-133,000
投資基金經理	82,000-122,000
稅務會計師	66,000-102,000
初級保險理賠	46,000-66,000
初級保險代理	46,000-66,000
1年經驗辦公室行政	42,000-46,000
1年經驗數據輸入員	42,000-46,000
法律文書	49,000-61,000
法律行政人員	43,000-68,000
初級法律顧問（1-3年經驗）	78,000-105,000
律師樓合夥人	130,000-195,000
集團法律顧問（4年以上經驗）	90,000-130,000
華語熱線中心	44,000-49,000
華語熱線中心主任	49,000-61,000
華語熱線中心經理	51,000-66,000
銷售代表	56,000-87,000
銷售經理	97,000-133,000
業務發展經理	82,000-122,000
市務聯絡	46,000-61,000
項目經理	61,000-102,000
網上銷售主任	51,000-82,000
數碼設計	82,000-122,000

職位	年薪（紐元）
初級公關主任	51,000-71,000
企業關係主任	71,000-92,000
倉務管理經理	80,000-150,000
物流管理經理	95,000-140,000
船務管理	60,000-80,000
供應鏈物流管理主任	65,000-90,000
採購主任	61,000-82,000
採購經理（5年經驗以上）	92,000-122,000
Linux工程	85,000-110,000
大數據分析主任	80,000-100,000
網絡安全工程師	140,000-200,000
網絡測試主任	80,000-100,000
普通數據主任	120,000-160,000
初級建築師（2至5年經驗）	59,000-77,000
室內設計師（2至7年經驗）	51,000-82,000
城市設計	71,000-112,000
初級建築工程師	55,000-75,000
建築科文	61,000-82,000
建築工程經理	87,000-112,000
土木工程師	75,000-120,000
結構工程師	72,000-153,000
交通工程師	70,000-145,000
土地測量師	75,000-120,000
城市規劃師	70,000-105,000

職位	年薪（紐元）
建築工地工程師	67,000-92,000
建築材料測量師（地方政府空缺）	66,000-112,000
工商業及零售物業管理（0-3年經驗）	61,000-77,000
工商業及零售物業管理（3年以上經驗）	92,000-122,000
住宅物業管理（0-3年經驗）	61,000-82,000
住宅物業管理（3年以上經驗）	82,000-102,000
零售商場管理經理	92,000-153,000
助理物業管理經理	77,000-133,000

上面表列的工種類別，只是人事顧問公司調查報告的一小部分，集中討論香港人移民紐西蘭會考慮的工作。其他諸如天然氣工種、採礦、漁農業等，都沒有包括在內。

有關移民資料請向相關持牌移民公司或向紐西蘭移民部門查詢。以上資料只是本人由網上搜尋，本人並沒給予任何有關移民的手續或意見。

第二章——食住行

食#1
不想三餐漢堡包

有一次跟香港朋友談到移民生活，她說：「我一定不會移民，一天三餐漢堡包，怎樣生活？」

問君可有去過日本？旅行幾天期間可有三餐壽司和拉麵？問君可有去過台灣？旅行幾天期間可有三餐鹵肉飯？去新加坡便是三餐肉骨茶？去泰國便是三餐冬蔭功？

首先，相信世上沒有一個地方的餐廳只有單一一種菜色。你問我紐西蘭某小鎮有甚麼餐廳我不知道，可能真的只有薄餅和漢堡包。但若論大城市如奧克蘭、威靈頓和基督城，世界各國各種菜色比比皆是。筆者不用如數家珍地羅列出奧克蘭可以找到的菜館所屬國家，但香港人最愛的日本菜、韓式燒烤、泰國菜和越南菜，基本上每個社區至少一定有。奧克蘭 Ponsonby 有商場內的美食廣場甚至有老檛菜，可見奧克蘭市內的美食豈只漢堡包和薄餅那麼單一。即使去到遠離市中心的西區，一樣有港式飲茶、上海小籠包和韓式燒烤自助餐。

其次，講講飲食的邏輯問題。即使在香港，讀者們也不是三餐外出，總有回家吃飯的時候。只要回家吃飯，吃甚麼就是自主／自煮了，怎會三餐漢堡包？從超級市場買菜回家自煮，甚麼菜也可以吃到啦！

第三，一般人都開車上班。上班時間中間的一餐，可以開車出去找吃的。在奧克蘭，不難找到一份90分鐘吃飯時間的工作，足夠開車到附近吃飯。如此，可供選擇的菜色選擇又多了，不局限於公司前後附近範圍。

筆者最終不是要推介個別餐館或是菜色，而是要引導正確的思考方向，面對移民後「食」的問題。

食#2
食在奧克蘭

住在奧克蘭8個月，以下十樣食物，有哪些找不到？

1, 雞蛋仔

2, 響鈴

3, 魚香茄子醬

4, 豬大腸

5, 炸魚皮

6, 五仁月餅

7, 腐乳

8, 臘腸

9, 蛋撻

10, 鴨舌

答曰：十樣都有！

食#3
在紐西蘭吃快餐跟香港有甚麼不同？

在紐西蘭吃快餐，一般是食客自行收拾桌面的。那就是，當你在連鎖快餐店或商場美食廣場用餐以後，要自行把廚餘和包裝垃圾放進垃圾桶，把托盤放在收集架上。在某些小鎮的快餐店，客人甚至要自行抹枱。這是紐西蘭的文化和習慣，跟香港不一樣。

如果到連鎖快餐店吃套餐(包、汽水和炸薯條)，加2-2.5元加一個雪糕新地，可以要求吃完套餐後才取雪糕，以免在吃餐時雪糕融化。店員記性好又不太忙會為客人後補雪糕，忙的時候也會列印一張收條，讓客人容後取雪糕。

另外，不少商場亦有美食廣場。就如香港的一樣，廣場中間是桌椅，廣場內有各樣美食。不過美食廣場內不一定如快餐店般要自行清潔桌椅，這只是個人習慣。

要留意的是：不少商場星期日都是6時關門，美食廣場是不設晚市的。

食#4
在紐西蘭餐廳用餐要付小費嗎？不付，會不會很小家子？

答案是不。紐西蘭的餐廳，我敢說九成沒有小費文化。餘下來的一成，是很高級很高級，收費很貴的酒店餐廳。他們會有個別侍應生專責服務個別客人，侍應生會為客人推薦菜式或相配的酒品。如果你對他的建議感滿意，才要按個人喜好而付小費，一般建議5到10元。其他餐廳即使人均消費到100紐元以下，一般都不用給小費。

食#5
有一次我去餐廳，收銀台旁放了一個小玻璃杯，入面放了很多零錢，是放小費的嗎？

紐西蘭人很習慣用銀行卡結帳，現金反而不流行。如果吃飯用現金結帳，找贖了幾個零錢，有人嫌麻煩會回贈給商家，放到玻璃杯去。也有些遊客區餐廳收銀台的玻璃杯用作收集外國旅客的本國零錢，給小店店主或孩子作收藏嗜好，甚至交給學校作教學用途。

除了收集零錢的玻璃杯，有餐館也會在收銀台放一個杯子，裏面盛載一些獨立包裝的薄荷糖，這是免費為客人提供的。

住#1
看房子的開放日

在紐西蘭買房子的過程和手續跟香港不一樣。先講看房子。紐西蘭地產代理一般接受了業主委託後，會安排房子於星期六日中午到下午作開放日，每節45分鐘。例如 12:00 至 12:45 一家，下午 1:00 至 1:45 一家，2:00 至 2:45 一家，中間15分鐘經紀留作開車轉場用。

既然是開放日，開放時段內，房子便任由準買家參觀。經紀會將開放時間放上地產網站，還附上房子不同角度照片、呎數和間隔(例如幾房幾廁等基本資料等，準買家看了，有興趣便依時到場看房子。而經紀亦會在場解答準買家問題。

欲參加開放日，一般而言要交低個人資料：姓名、電話、電郵、現居區域。先進一點的代理會用平板電腦給客人電子填表，也有代理用紙筆供客人實體填表。雖然不是強制性，但客人既然有心找房子，都希望經紀可以提供最新一手資訊。畢竟看房子不是家庭活動，在紐西蘭，一般有心買房子才會去開放日的。

不論招售或招租，有沒有住客，看房子一般只能在開放日。但仍然不少勤力的經紀，為招待星期六日沒時間參觀開放日的準買家，另外安排時間讓他們看房子，只要事先由經紀、準買家和房子業主三方溝通好便可以了。

www.barfoot.co.nz/BI4061
BARFOOT & THOMPSON
SOLD
by Daniel Leung & Pauline Lam
SURE TO PLEASE
Pauline Lam
021 147 0148
Daniel Leung
021 128 1978
FOR SALE
VIEWING Saturday/Sunday 2:00pm-2:45pm

OPEN HOME
BARFOOT & THOMPSON
LOCATION! LOCATION! LOCATION!
OPEN
BARFOOT & THOMPSON

住#2
拍賣、招標還是議價？

在紐西蘭買賣住宅房子，一般都以拍賣、招標或議價三種方式交易。到底各有何好處壞處呢？

先說拍賣。賣方會擬定一個暗盤底價，然後舉行開放日讓有興趣的準買家看房子，開房日後會有一天舉行拍賣日，地點多數是地產經紀的市區辦公室，有時亦會在房子內舉行。有興趣的買家到場拍賣，價高者得。好處是大家出價透明，準買家有了自己的心水價值然後出價，買不到房子只因為自己出價不夠別人高，一目了然。有時遇著拍賣不夠激烈，參加的準買家不夠多，可以以低價拍得房子。

拍賣的缺點是：投拍前準買家要自行僱用持牌屋宇檢測師取得結構報告（Builder's report），和測量師估價報告，否則拍賣成功後便需要承受可能存在的一切風險，包括房子是否漏水、牆身與屋企結構、排水渠去水情況等。沒有結構報告，你只能憑目測決定房子是否物有所值，萬一買了漏水樓滲水樓，拍賣了便是拍賣了，不能推翻決定。

不過，有準買家對房子有興趣，亦可以先付費自行做一個結構報告，了解房子的結構安全程況和隱患。不過如果拍賣不成功，例如所出的價錢不夠高而被別人投得房子，所付出的結構報告費將不能取回，那麼被白付了。

招標呢？通常是暗標，同樣是價高者得。不過同樣不能先取得結構報告，同樣有機會買到「次貨」。招標很常見，賣方可以透過招標將房子售價盡可能推到最高。

筆者最建議的是議價。跟香港慣常做法一樣，賣方會透過地產經紀向準買家提出一個價格，然後由準買家議價。過程中賣方買方不接觸，議價價格透過經紀向雙方傳遞。買賣雙方同意了一個價錢後，買方不需先交付訂金，只是議定一個交割日。然後透過銀行安排一個第三方公正估價師上門調查，估算一個合理的價值再告知銀行，銀行按價錢和準買家的還款承擔能力，向準買家提出一個按揭銀碼。如果準買家可以承擔按揭，買賣便正常交割，然後才付房價百分之十做訂金。如果準買家認為銀行估價太低，按揭銀碼不能承擔樓價，可以選擇取消交易，買賣雙方互無責任，準買家損失的只是大約600至1200紐元的估價費。

除了估價以外，準買家還可以付費安排工程師到房子檢測，費用大約700至1400元，視乎房子的地區、興建年份和大小。工程師會告訴你，房子結構有甚麼潛在問題，能否修復，如果修復又要弄多久，費用又大概多少。這樣的好處是準買家能夠知道房子是否物有所值。因為紐西蘭的房子不少都五六十年歷史，而且九成是平房，所以經過結構檢測，便能一目了然知道房子是否健康。同樣，如果房子不健康，你認為不值得買，可以取消交易，而無需負任何金錢責任，損失的只是檢測費。

讀者會問：如果不停的看房子，不停的遇上不合格的房子，不停的付出估價費和檢測費，豈不是增加買房子的成本？對的，會。但一則機會不高，二則如果拍賣或招標買到不合格的房子便一去不回頭，不能推翻交易決定，只能自作自受，所以選擇議價是筆者最建議的選擇。

住#3
奧克蘭租房子秘訣

我們是赤條條移民到奧市，意思是說，我們沒有在奧克蘭租房子或買房子的經驗，這樣租房子十分百分千分困難。但這也不代表沒有解決方法，畢竟我們來到奧市才一星期，便幸運地租到房子了。

在奧市租房子，要具備以下條件：

固定收入及可靠職業：我們初來埗到，哪有收入和職業？於是，過去在香港的工作證明、收入證明、糧單便很重要，可以證明我們的賺錢能力。

推薦信：有些地產中介人接受「朋友」作為推薦人，有的不接受，只接受舊僱主、上司和名人的推薦信。幸好今次我們遇上的地產中介人接受「朋友」作為推薦人，而我則找了一位在私人機構任職總經理的朋友幫忙。

前任業主的聯絡方法：這有點困難了。如果你新鮮到紐要租房子，哪裏有「前」業主？所以我們先租住民宿，加上上次旅紐又租主民宿，我們有兩個前業主做人格證人。一證明我們會準時交租，二證明我們是好租客，不會對物業造成破壞之類。所以，如果第一天來紐而日後想租房子，建議先租民宿，而且是每一星期至十日換一住處，因為租房子基本要提供兩個前業主做證人。

住#4
居於小城市也不要選 Westport

紐西蘭南島西部港口城市 Westport 於21年冬天暴雨成災，幾千間房屋被淹沉成澤國。其中 Buller 區災情嚴重，近1000人被迫遷到臨時避洪中心。有居民更擔心，由於房屋災後仍受洪水淹蓋威脅，所以大量民居不適宜居住，令房屋供應大幅減少，變相令樓價不合理地上升。

移民紐西蘭要留意，儘量不要揀住Buller區等的低洼地方。因為紐西蘭海岸線宛然曲折，很多地方都屬海邊或河流出口。遇上暴雨，這些地區的水浸機會極大。有些保險公司甚至將這些地區定為高危區域，不接受購買房屋財產保險。

如果揀住最大城市奧克蘭又想享受住半山的風景，同時避開海邊大風，可以選擇 Mt Roskill, Mt Albert, Mt Wellington。Mt= Mount= Mountain，不是香港太平山那樣的半山概念，只是稍微高一點的高地，仍然有不少平路、直路和主街，同樣有大商場和購物設施，不失方便。

住#5
住在奧克蘭的水電、地稅和垃圾徵費

住在奧克蘭，水錶是跟業權的。那就是說，如果租住，水費帳單由業主付，再開發票轉嫁租客承擔。租客搬出，不用搞截水錶開新水錶問題。至於沖廁水，跟香港用免費鹹水不同，紐西蘭一般是用收費淡水的。全個北島不靠水塘供食用水，靠的是在中部城市 Hamilton 的 Waikato River。

電力公司有幾間。即使住在同一地區，也可以選擇不同的電力供應商。由於每一間電力公司的費用差不多，只是「用少加用多減」還是「用多加用少減」的分別，個人選擇用 Electric Kiwi。他們有特別優惠，每天可以自選一個小時「免電時間」（Hour of Power）。除了繁忙時間如午飯晚飯時間外，可以選擇任何一小時免電費。於是用戶便可以利用一小時狂做家務：洗衣服、開暖氣、吸塵、電話電腦充電等，值得推薦。筆者試過最高一次用了全日75%的用電量在「免電時間」，十分划算。

至於地稅，各區劃一三個月交一次，北岸、Waitakere、奧克蘭中區和 County Manukau 稅率不一，分區地稅也不一，跟香港一樣，都是按房子面積大小收費。

垃圾徵費比較特別，筆者以前住奧克蘭中區，不用交垃圾費，但 Waitakere 是要收費的。由小到大的三種家居垃圾桶顏色分別是藍、橙和綠色。一般二至四人家庭，一星期產生的垃圾用橙色（120或140公升）垃圾桶都夠。不過垃圾桶是跟住處的，那就是說，房子的大小決定了垃圾桶本身的大小，除非特別需要，例如垃圾桶被盜、有破損例如輪子壞了，仍然可以要求市政府更換垃圾桶的，一般需時十個工作天去處理。

住#6
關於搬家

紐西蘭有很多不知名的小鎮，小鎮與小鎮間只能靠公路運輸，因為沒有內陸機場。紐西蘭的搬運公司眾多，有的只做陸路，所以如果南北島之間搬家，或者搬到陸路很遠的大城市，就只能選擇提供空運的搬運公司。

至於選擇市內的陸路搬運公司，一般的收費方法都是按小時計算，現時的收費大約每小時110-130紐元(約600-700港元)，包兩個工人，工人懂得拆裝睡床、洗衣機和電腦，一般不另收費，計算在時薪內。全紐西蘭沒有收費隧道或公路，所以路程遠近不影響收費，仍然是按時薪。附加費包括紙箱等其他包裝物料，例如包裝床褥的膠袋。這很重要，避免搬運過程在弄髒床褥。梳化、飯桌等不能弄髒的傢具也建議用大卷包膠紙包好。一般二至四人家庭，一卷包膠紙就夠了。

另外，紐西蘭很多房子建在二樓，搬運時要走上走落一層，那又另外收費了，同樣按時薪計算。一次車程15分鐘的搬家，連搬運過程約3小時，連雜費約700紐元(約3700港元)。

住#7
關於搬家之換鎖

搬了家，筆者覺得更換大門鎖會安全一點。比較之下，一般鎖匠換鎖價錢紐幣100元（約540港元），鎖匙一條10元（約54港元）。如果光顧同區鎖匠服務，今日下單明天便有鎖匠上門了。鎖匠表示，整個鎖膽更換比較複雜和昂貴。如果只是重裝鎖膽就便宜一點，保留鎖膽，但舊鑰匙會失效，要重新配匙。

行#1
電訊與網絡服務供應——紐西蘭有哪幾家電訊公司？哪一家比較好？

紐西蘭最主流的電訊服務公司有以下幾家：Skinny, 2 degrees, Vodafone, Spark 等等。有人會把Kogan也計算在內，但這一家只是蚊型電訊商，服務顧客最少，不流行也不受歡迎。要說哪一家比較便宜？很難說。每一家都有多種不同的計劃，例如按每月數據用量和通話分鐘等，而這些計劃、用量和分鐘經常因應市場供應和需求變動，很難作出比較。例如在下筆的一刻，Vodafone 有一個79元用28日的計劃，數據有40GB，通話時間和短訊次數不限，而且可以將用剩數據和分鐘帶到下一個月；而 2 Degrees 有一個類似的計劃，85元可以用一個月，同樣是數據有40GB，通話時間和短訊次數不限，但用剩數據和分鐘不能帶到下一個月。看起來 Vodafone 既便宜5元，又可以用盡剩餘數據和分鐘。但別忘記他們的計法是按28日計，即是 2 Degrees 多付6元可多用兩至三天。比較之下，2 Degrees 也不算貴很多。

另外要考慮的是分店分佈。 Skinny 是沒有門市的，有問題只可以以電郵、電話熱線和網上即時對話去詢問。據2021年6月官方數字，Vodafone 有18至20間門市、2 degrees 有23間、Spark 有16間。同時，只有 Vodafone 和 Spark 有網上即時對話服務，2 degrees 是沒有的。服務範圍對新移民華人很重要，因為我們對帳單經常有疑問，例如我們心裏面算到的使用數據量和實際使用量不同，有機會要跟服務供應商核對一下。查單時如果沒有面對面或網上即時對話服務，對於英文不是母語的我們會有點困難。加上對方員工也可能不以英語為母語，那麼，門市面對面的溝通渠道很重要，網上即時對話服務也可以發揮功用。所以，最後我建議 Vodafone 和 Spark 二選一，看看你個人的網絡使用量和通話時間使用量再作決定。個人選了 Vodafone，因為搬家是要更改寬頻服務供應地址，搬到新居，上不了網，打電話到 Vodafone 求救，只需要按撥號選擇問題類別，然後在電話內向人工智能說出問題，便可以聽著錄音指示自行處理問題，全程不用五分鐘，十分方便。

需要注意一點：搬家之前，要跟賣家議定好，搬入之前，賣家要切斷寬頻供應，讓你在搬入當日啟始使用你的寬頻服務戶口。舉個例子：例如你在15日搬入，上一手住戶／賣家得在14日切斷寬頻供應。假如他多付幾天服務費用，你在15日起便不能用自己的寬頻。這一點一定要提醒賣家或上一手住戶辦好。

行#2
不開車，行不行？

看你在哪裏住，日常在哪裏活動吧！一般建議還是買一部車，哪怕你在市中心住，哪怕你住處可以方便乘公共汽車或火車上班。因為奧克蘭的公共交通系統不如香港方便和發達，至少北岸和東區沒有火車，不如香港一樣，港鐵可以直達全港八九成地區。奧克蘭的公共汽車，即使最繁忙的路線也要10至12分鐘一班，有很多更是半小時或1小時一班，而且只是走主路大路，不像香港那樣可以靠轉乘其他路線或小巴到達小社區。更何況，有自己的汽車，購買日用品可以一次買一星期的份量，節省時間。假期又可以開車到小鎮旅遊，可知道很多小鎮是沒有公共交通工具可以出入的。

一般而言，奧克蘭的商場停車場是免費任泊的，同一個停車場，不同區域可以泊60分鐘到4小時不等。奧克蘭市內，大概只有Newmarket 的277商場停車場按小時收費，但也可以入會做會員，享有每天2小時免費泊車優惠。可以光泊車，不用像香港般消費滿指定金額才泊指定時間。至於商場外的小購物區，所指的是幾家商店圈成的一個室外小商區，泊車一般都是無限時，就算有都是60分鐘到3小時不等。住宅區家門前的路則是全日任泊了，除非是主街另有標示吧！

行#3
奧市巴士遊

今天由東區乘巴士往市區，由 somerville 出發，成人$7.5，即港幣約$37.5，9個站，車程約15分鐘到 Botany Town Centre，跟香港比其實貴得要命。到了 Botany Town Centre 轉車，同樣是$7.5，卻是港幣，40個站到市中心。因為奧克蘭乘車是按分區的收費，所以取決車費多少不是在於9個站還是40個站，而是跳了幾多個分區。

雙層巴士是奧市的新玩意，2005至2012年間住在奧市，好像沒有見過，好像。

行#4
買車記之汽車交易會

二十三日星期日，我買了平生第四部車。當然，前面三部已賣了，汽車在奧克蘭不過是代步工具，犯不著一個人一張駕駛執照四部車。

買賣二手車的一個好去處，我推薦 Ellerslie Car Fair。這個汽車交易會位於 Ellerslie 馬場內，1 號公路 Greenlane 出口旁，逢星期日上午 9 至 12 時舉行。賣家8時進場，把車泊在停車場，每輛收費紐幣35元。場地按車種類分成以下7項：

- $5000以下
- $5000至$10000
- $10000以上
- 經典復古／跑車
- 貨車/面包車/功能車/四驅車
- 露營車
- 電單車和小艇

當日我9時半到，走了一圈，最後選了一部小車，試車後車子表現不錯，價錢相宜，就買了。賣者是一名來自伊拉克的車商，叫Majid，就是圖中跟我玩手機的男子（見下圖）。我買了車，把租回來的車駛到我住的地方，他駕小車跟著我，然後我再載他從住處返回Ellerslie Car Fair。這程車他不斷發表偉論，不斷罵美國政府殘害伊拉克人。喬治布殊這樣不好、克林頓那樣不好、奧巴馬是魔鬼…說著說著，又談到戰爭令家人四散，楚楚可憐。

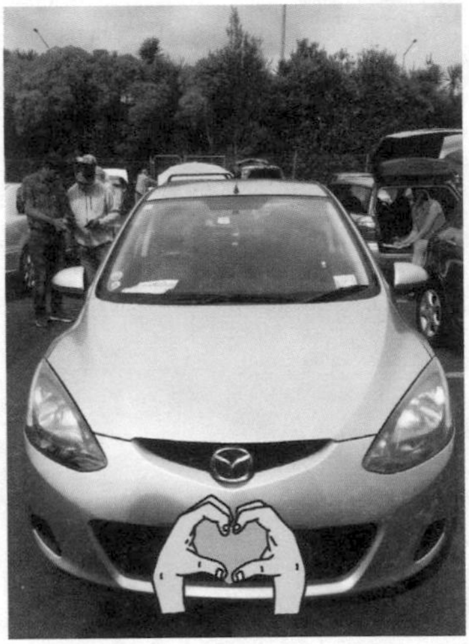

行#5
買車之後

上一篇談到，星期日去汽車交易會買了小車，其實買車後星期一第一件事，是去為車子買保險。在紐西蘭，買車前後很多工夫都不靠「運輸署」，而是靠「AA」，即是汽車會。

買車前，首先要考駕駛執照、考路試、驗視力，這一切都要經汽車會。買車後，要向汽車會登記轉名轉地址，又要為車子買保險，這一切都要經汽車會。申請做汽車會會員，修車換胎等汽車服務另有折扣。職員又向我們介紹醫療保險，原來這也是汽車會的服務之一。

加入汽車會做會員，如果從來未曾擁有全駕駛執照(Full License)，可以獲免費學車若干課，小時數按汽車會安排，不同時節免費送的小時數有所不同。

圖為 AA 的 New Lynn 分行。可以在 AA 找到各種和「車」有關的表格。

AA
Insurance
Issue of a Limited Licence
Replacement Plate

AA

行#6
入油別付正價

紐西蘭入汽油，不同連鎖油站價錢不一樣。一升油上落幾仙，一次入油可以相差幾元。一般最便宜的是 Caltex 和 Gull，但我比較喜歡用 Pak'nsave fuel。 Pak'nsave 是大型超級市場，一般食物和日用品價格較其他超級市場便宜。然後消費滿一定金額，收據可以作入油折扣卡，每升減6仙。

那到底要消費多少才有油券呢？不一定，浮動，視乎超級市場是否特價週、聖誕宣傳週、指定貨品特價週等。

如果不到超級市場消費，但又想入油獲折扣，怎麼辦？可以上 play store 下載 fly buys app，一樣可以有折。

注意，部分油站在聖誕假期和新年假期會關門，12月24日和31日要預早入油。

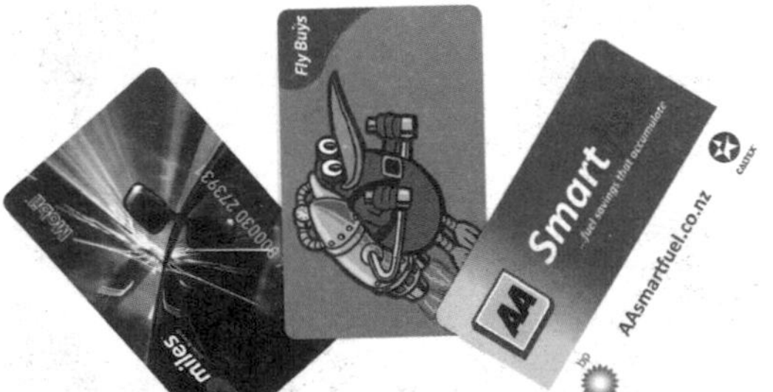

SAVE NOW OR STACK FOR LATER
INDULGE
LIMITED TIME ONLY!
Quality Fuel
Dollars
Litres
More wash, less waste

這麼多好去處#1
任摘任食士多啤梨田

奧克蘭西部有個小區叫 Helensville，裏面有個士多啤梨農場。遊人可以進去摘士多啤梨，摘完按量計費買下。現在是收成季節，農場12月26日重開。記得戴帽和塗防曬，畢竟是田間工作。新鮮摘下的士多啤梨很甜美，不要太忘形，吃得下才摘。因為凡摘下的都要買下，不能退回給農場。

61 Bradly Rd, Helensville, Auckland 0875, New Zealand

這麼多好去處#2 如何選擇航空公司？

一般香港朋友去奧克蘭，選擇的航空公司不外乎國泰、紐航和澳航。飛越差不多半個地球的航程，有人喜歡直航，因為省時間；有人喜歡轉機，因為可以走動一下，舒展筋骨。所以在此不討論直航還是轉機好。

不過論票價，紐航經濟艙直航最高票價高至11000，特價期也要8000，不划算，不過最便宜6000也有。紐航的缺點是國際航班寄艙行李重量目前是23公斤，和國泰一樣，比澳航的30公斤少。優點是航班上有免費上網，適合社交平台控。

國泰經濟艙直航票價一般是8000左右，有時6000，如果有信用卡積分兌換可以更便宜。缺點是不能上網，優點是空服員比紐航的伯伯嬸嬸年輕，而且會廣東話，適合長輩。

澳航多數經悉尼或墨爾本轉機，缺點是空服員澳式英文令人聽不懂，不適合長輩。優點是票價多數比人家便宜。

另外亦可選擇泰航經曼谷轉機，或星航經星加坡轉機。價錢可以3000以下，缺點是轉機停留往往達12小時。

這麼多好去處#3
買賣二手貨

在奧克蘭，買賣和使用二手物品是常態。很多基督教堂都會在主日開放停車場，讓市民（不一定是信徒）打開車尾箱賣二手物品。租用車位賣物一般免費，也有的象徵式收5元（約25港元），但牧職人員會送飲品，例如咖啡奶茶果汁汽水等。

星期日也有跳蚤市場，賣的不一定是二手貨，有機會有一手貨的。跳蚤市場規模比教會二手市場大，貨物種類較多，但檔租一定不只五元，也沒有免費茶點了。

紐西蘭有一個買賣網站叫 trademe.co.nz，可以供會員網上買賣新貨或舊物，甚麼也有，實物、工作機會或服務也有，由萬能插頭到房子也有。

這麼多好去處#4
聖誕燈飾藏在民間

圖中為奧克蘭的其中一處聖誕燈飾，位於奧市西北小鎮Kumeu，以Kauwa Drive為中心，大約由六條街組成的矩陣，九成住戶都裝聖誕燈飾，餘下十分之一黑沉沉，立刻給比下去。慢慢的邊走邊欣賞邊拍照，大概要花45至60分鐘。據說因為疫情關係，Kumeu的燈飾去年暫停了一年，今年才復辦。

第三章——

不要不要假設我知道

#1
紐西蘭滿街是羊？

很多人聽說過，紐西蘭羊比人多。所以不難有個錯覺，紐西蘭可隨處見到羊。

不錯，根據2020年統計，全國人口約500萬，羊隻有5100萬，乳牛640萬頭，牛羊數目的確比人多。

但別用簡單數學去計算，一個3人家庭有4頭牛30頭羊。其實要進行「尋羊的冒險」，別來村上春樹那一套去尋找有星紋的羊，羊要到郊外農場才可找到。在奧克蘭市區想看羊，建議到One Tree Hill。在農場問農夫，你養了多少頭羊，他通常只可以粗略答你大約數。因為農場地大，偶然走失一頭羊也不足為奇。

參考：https://blog.exploratory.io/are-there-really-more-sheep-than-human-in-new-zealand-c9cc0c977b25

#2
紐西蘭是全球第一個過新年國家？

每年新年，香港都會在晚間7時後的新聞報導紐西蘭率先帶領全球慶祝新年。其實國際換日線後的第一個國家並不是紐西蘭，而是太平洋島國 Kiribati 。她位於紐西蘭東北面，由幾十個星羅棋布於太平洋上的島嶼組成。不過，如此小國寡民，不論新年舊年也不會有人關心。

#3
紐西蘭的讀書壓力為何比香港小？

香港人都知道：外國小朋友比較幸福，因為讀書壓力比香港小。那，到底在紐西蘭讀書，有甚麼「小」壓力呢？

先講考試測驗。紐西蘭的中學，一般只有英文、第二語言(可能是中文、法文或其他外語)和數學有測驗考試，而且滿分不是100分，可能是116或93等隨機得來的整數。最終計算成績只有 Excellent / Merit / Achieved 等形容詞，不會計出某甲同學97分比某乙同學96分高的攀比情況。

有些學校會有另外的考試，最常見為體育和電腦。體育考的可能是中距離賽跑或50米游泳，又或是射籃、田徑等可以量化成績的運動項目。成績只是「做個樣」，一球不中或全部入樽一樣可以升班。

至於電腦，考的可能是日常技能，例如用 WORD / Powerpoint 設計一個檔案，又或是修改一個網頁的圖文之類。

其他學科呢？一般都不設測驗考試。

Can't do
SCHOOL
online?
WATCH TV instead!
Home Learning TV
Papa Kāinga TV
Tune in on Channel 7 or SKY 502
for ages 2-15 9am - 3pm
To find out more talk to your teacher or school, or visit education.govt.nz

#4
毛利語言週

2021年9月13至19日是「毛利語言週」，全國著力推動用土著毛利語。電視上的廣告有部份由英語轉用毛利語，輔以毛利語和/或英語字幕。新聞報導內的天氣報告都用殖民地前沿用的毛利地名，令人看得一頭霧水。

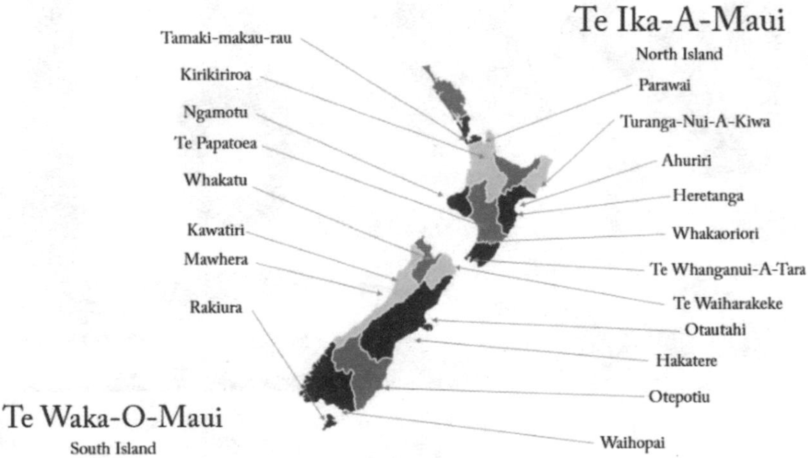

毛利文地圖

#5
現代紐西蘭最成功的運動員

New Zealand's Lisa Carrington wins third gold at Tokyo Olympics

Lisa Carrington of New Zealand won her fifth gold and sixth Olympic medal in the women's K1 500m final at the Tokyo Olympics

要數今屆奧運大贏家，非要數紐西蘭女子獨木舟（皮划艇）選手三金得主 Lisa Carrington 不可。她繼在500米雙人艇和200米單人艇贏得金牌後，再下一城贏得500米單人艇金牌，令紐西蘭在獎牌榜上以7金6銀7銅位列第13位。

32歲的 Lisa 來自北島城市 Tauranga，12年及16年奧運已先後取得一金和一金一銅，令她成為紐西蘭奧運史上最成功運動員。

Lisa 於2012年獲頒紐西蘭年度最佳毛利族運動員獎，以及年度最佳成年毛利族運動員獎。22年更在新年榮譽中獲頒授紐西蘭爵級同伴功績勳章（Dame Companion of the New Zealand Order of Merit），以表揚她在划艇運動界的貢獻。

參考：https://i.stuff.co.nz/sport/olympics/300375169/new-zealands-lisa-carrington-wins-third-gold-at-tokyo-olympics

#6
五元紙幣上的希拉里爵士

生於1919年的艾德蒙·珀西瓦爾·希拉里（ Edmund Percival Hillary ），與雪巴人嚮導丹增·諾蓋於1953年成為人類歷史上最早登上世界最高峰額菲爾士峰頂的人。希拉里於同年獲受勳為英帝國勳爵士，1987年他又獲頒紐西蘭勳章。於1992年，為嘉許這位紐西蘭出生的探險家的驕人成就，紐西蘭的五元紙幣印上了他的側面。總括而言，希拉里爵士可以被視為紐西蘭國家探險英雄。

#7 《建國大業》（紐西蘭版）

筆者行文時就讀 Te Wananga O Aotearoa，本地人視之為「毛利大學」。每個月要出席三天兩夜的 Marae，即是全日的學習營。某個星期五六日又是一年三日的 Marae，三天朝九晚九地一起上課、吃飯和玩活動。星期日是半天的學習，打頭炮就是一起看電影《Waitangi - What Really Happened》。

影片分為一至七集，長約一小時。講述1840年英國船長 William Hobson 代表英國殖民地部，跟諸位紐西蘭毛利原著酋長簽訂 Treaty of Waitangi，正式承認英國人與毛利人聯合統治紐西蘭這片土地。

影片以故事形式呈現當年景象，輔以演員扮演歷史故事中重要人物向鏡頭自白，真實感非常強，對認識紐西蘭歷史很有幫助。

全班同學約50人（大約，是因為從來未嘗齊人上課，所以不知同學數目實數），今天只有16人來看影片，空空洞洞的星羅棋佈在偌大的大講室，甚是可惜。

參考資料：https://www.youtube.com/watch?v=AEOx3QyjxIs

#8
毛利大學

回說筆者2021年回歸校園，所選的學校歷史短而且冷門，叫 Te Wananga o Aotearoa 。

Te =The

Wananga =Learning place

o =of

Aotearoa =New Zealand 被殖民統治前的舊叫法。所以 TWoA 其實是「紐西蘭大學」。

因為早前封城，第一課改為網課，之後才是正式的第一天實體課。4小時的課堂全是迎新活動，有校方人員簡介學校約30多年的歷史和演化，並教用英語、毛利語和手語這三種紐西蘭官方語言說出學校的辦學理念。

接著又有分組遊戲和互選班代表的環節，全晚唯一的學術活動就是花一小時兩人一組商量功課，下星期五和六作小組報告。

TWoA 又被視為毛利大學，同學除了學習個別課程，也得學習毛利文化。執筆之時，筆者將參加 Noho Marae，大概是毛利酋長家的學習生活營，要留宿兩日一夜，包三餐傳統食物。筆者十年前曾入讀另一間大專院校奧克蘭理工大學，完全沒有丁點毛利文化學習。對於這個 Noho Marae，很期待噢！

#9
南北半球天氣之別

執筆時是北半球的冬天，南半球的夏天。奧克蘭的夏天不熱，幾年前有一天，28度，翌天報紙便頭版報導「熱到阿媽都唔認得」。試想想香港的夏天，28度真不算甚麼。反而香港的冬天不太冷，這幾天也21至24度，氣溫跟奧克蘭的夏天相若。

奧克蘭的冬天是雨季，濕濕漉漉的。有時下大雨會下足一整天，而且雨勢很大。揀房子別揀鐵皮頂屋，大雨點打在鐵皮上，全晚劈劈拍拍，交響樂一樣，很騷擾。不過大體而言，奧克蘭的雨季只有微雨，雨點小而密，每次下雨下足一整天甚至連續幾天，僅此而已，從來沒有如香港的黃雨紅雨黑雨。

沒雨的冬天，一日四季。下午有太陽時帶點熱，晚上寒冷。幸而奧克蘭沒有雪。我住了七年多，才見過一次雪，下了5分鐘。那天是上班日日間，同事們見到雪，都衝出去停車場賞雪，因為錯過一次很難有下一次。

#10
如果不懂駕駛？

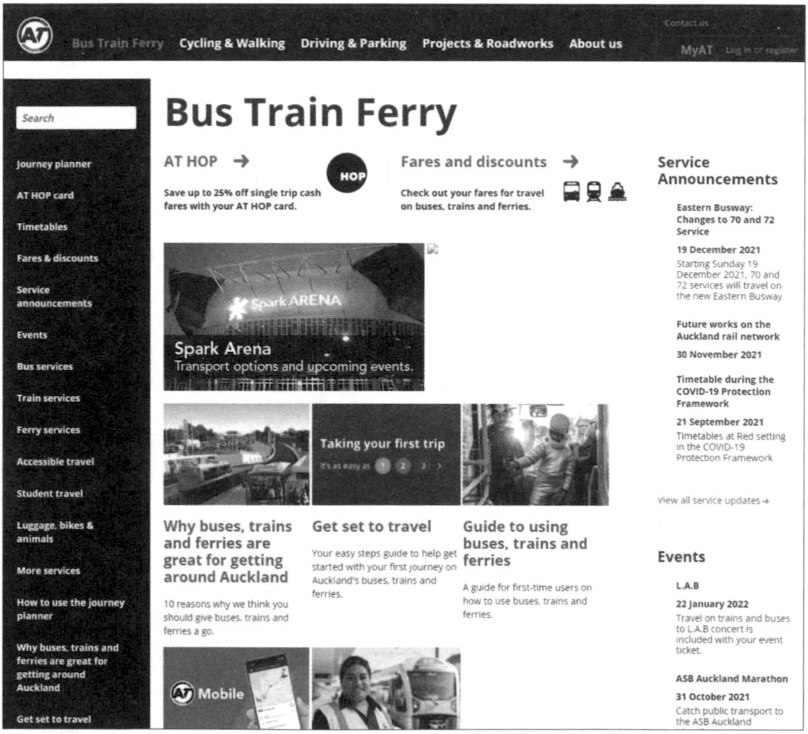

Bus Train Ferry
Cycling & Walking
Driving & Parking
Projects & Roadworks
About us
Contact us
MyAT
Log in or register
Search
Journey planner
AT HOP card
Timetables
Fares & discounts
Service announcements
Events
Bus services
Train services
Ferry services
Accessible travel
Student travel
Luggage, bikes & animals
More services
How to use the journey planner
Why buses, trains and ferries are great for getting around Auckland
Get set to travel
Bus Train Ferry
AT HOP
HOP
Save up to 25% off single trip cash fares with your AT HOP card.
Fares and discounts
Check out your fares for travel on buses, trains and ferries.
Spark ARENA
Spark Arena
Transport options and upcoming events.
Taking your first trip
Why buses, trains and ferries are great for getting around Auckland
10 reasons why we think you should give buses, trains and ferries a go.
Get set to travel
Your easy steps guide to help get started with your first journey on Auckland's buses, trains and ferries.
Guide to using buses, trains and ferries
A guide for first-time users on how to use buses, trains and ferries.
Mobile
Service Announcements
Eastern Busway: Changes to 70 and 72 Service
19 December 2021
Starting Sunday 19 December 2021, 70 and 72 services will travel on the new Eastern Busway
Future works on the Auckland rail network
30 November 2021
Timetable during the COVID-19 Protection Framework
21 September 2021
Timetables at Red setting in the COVID-19 Protection Framework
View all service updates →
Events
L.A.B
22 January 2022
Travel on trains and buses to L.A.B concert is included with your event ticket.
ASB Auckland Marathon
31 October 2021
Catch public transport to the ASB Auckland

初到奧克蘭，如果不懂駕駛，出門唯有靠巴士和火車。奧克蘭沒有小巴、輕鐵或地下鐵，公共交通工具只有巴士和火車。

大部分小區都有巴士直達市中心，但小區與小區之間，大部分都沒有巴士直達。其實也沒有太大的不便，想像你住屯門，沒有車直達將軍澳，就要到尖沙咀或旺角轉車，就是這麼一回事。

如果不想／不能駕車，又想循陸路到北島其他城市，可以在市中心天空城乘公共汽車。路線可達 Hamilton、Rotorua、Tauranga、Wellington 等多個北島城市，大概一小時一班，可以預售或即場購票。上車地點除市中心的天空城外，亦可以選擇在南區 Manukau City Center。視乎路線長短而定，部份路線中途停站予乘客休息、進餐或上洗手間。

至於火車，唉，不是那麼可靠。第一：一年有幾個星期修理或保養而停駛；第二：只有三卡，雖然長年不滿搭客；第三：東區和北岸是沒有火車的，火車只是由西區 Swanson 到市中心 Britomart，和南至 Papakura 及離開奧市的其他小鎮。

中區主街 Dominion Road 計劃興建輕軌疏導交通，但一直只聞樓梯響，未見有工程。

今日要分享的網站是奧克蘭乘公共器車的網站，輸入起點和目的地便可以找到乘車路線，十分方便。

https://at.govt.nz/bus-train-ferry/#!/journey-planner

#11
參加燒烤會

奧克蘭人喜歡搞燒烤會宴請朋友。有後園當然可以輕易搞，即使大廈公寓有些也設有公用燒烤場，跟管理處預訂即可。

如果主人家說「bring a plate」，不要以為他為環保不用膠碟紙杯，要求客人自備私家碗筷。「Bring a plate」意思是每個客人要帶一碟食物，主人家預備肉類，客人預備沙律、自家製蛋糕或家鄉小吃等。同時，記得預告主人家你的作品，例如是否要預留冰箱空間冷藏食物，或會否跟其他賓客的食物相同。

第四章——

站著卧著都分享

#1
紐西蘭黑工談

黑工，不只紐西蘭有，全世界也有。但紐西蘭僱主在招聘員工時，大多數都要求員工自行申報是否合法在境內受僱，所以黑工與否，在乎員工是否如實申報，「你話你係就係」，因為，紐西蘭是沒有身份證的，沒有紐西蘭護照不等如非法勞工。

見工後入職前，員工需出示永久居民簽證或工作簽證，以證明自己能合法在紐西蘭工作。

參考：https://www.nzherald.co.nz/nz/news/article.cfm?c_id=1&objectid=12306379&fbclid=IwAR2xZh6mRGvVIGcAfqymP8WJLW3rk7ZbREPhdyT0iBnxH0EAbbGHL1suMxA

#2
幼兒教育最吃香

十多年來，幼兒教育工作在紐西蘭一直求才若渴。看看其中一個求職網站 trademe，奧克蘭中學教育工作空缺只有兩個，幼兒教育有135個。

在奧克蘭，中學教育是辛苦工作。有2020年調查指，超過百分之四十受訪中學教師每星期工作超過四十小時。按香港常態算起來，一星期五天工作，每天工作八小時不算甚麼。但按紐西蘭常態算起來，這算是工時長了。

但在紐西蘭，大部份幼兒教育都是半天工作。家長只是把孩子帶到幼兒園上課半天，餘下半天在家自己照顧。當中亦有家長因工作要把孩子帶到幼兒園全天上課，例如大概上午8:30到下午5:00左右，但這樣的個案佔少數。

為甚麼幼兒教育工作較吃香呢？有報導指很多幼兒教育工作者視紐西蘭為踏腳石，在紐西蘭工作一段日子，取得足夠工作經驗便跳到鄰國澳洲，尋求更佳的工作待遇和薪酬。

#3
17/5/20小新聞：總理飲咖啡被拒

因為限聚令，紐西蘭總理飲咖啡被拒。

總理不會在疫情下享有特權。她和伴侶 Clarke Gayford 在威靈頓一咖啡店欲喝杯咖啡，但因為咖啡店顧客人數已到達限聚令下可容納的上限，所以兩人被拒招待。幸而兩人亦接受安排，沒有強人所難也沒有要求獲特別照顧。

NEW ZEALAND

Jacinda Ardern and Clarke Gayford turned away from Wellington cafe

Jacinda Ardern and Clarke Gayford were turned away from Wellington cafe Olive because it had already reached its limit of customers under level 2 rules. But there was a happy ending. Photo / File

NZ Herald

參考：https://www.nzherald.co.nz/nz/jacinda-ardern-and-clarke-gayford-turned-away-from-wellington-cafe/3YSYRBIKPPX54Q3M6RFKCWOB3A/

#4
18/5/20小新聞：復課日

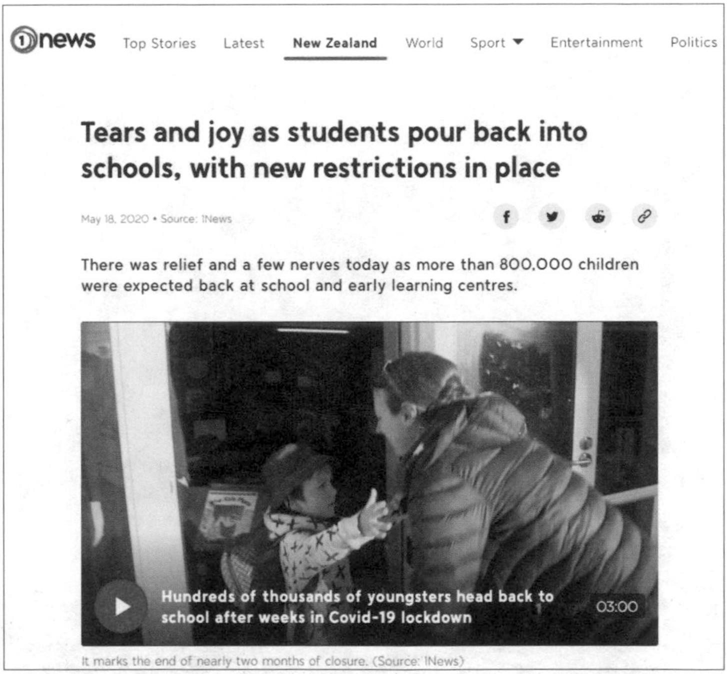

1news　Top Stories　Latest　New Zealand　World　Sport　Entertainment　Politics

Tears and joy as students pour back into schools, with new restrictions in place

May 18, 2020 • Source: 1News

There was relief and a few nerves today as more than 800,000 children were expected back at school and early learning centres.

Hundreds of thousands of youngsters head back to school after weeks in Covid-19 lockdown　03:00

It marks the end of nearly two months of closure. (Source: 1News)

紐西蘭是日復課，80萬中小學幼兒園學生相隔7星期重返校園。當局表示，一系列政策令校園爆發大規模感染機會微乎其微。當中的政策，值得世界各國借鏡。

參考：https://www.tvnz.co.nz/one-news/new-zealand/tears-and-joy-students-pour-back-into-schools-new-restrictions-in-place

#5
神奇萬能自動郵局

紐西蘭是一個寄信很方便的國家。有獨立郵局、有些小賣店附設郵局、也有Kiwi Bank附設郵局，即是它同時是郵局也是銀行分行。

郵局除了寄信收信，一般郵局有基本文具賣，原子筆、膠紙、A4紙一般都有。昨日去郵局，因為有朋友成功申請到工作簽證，要去郵局交表格申請稅號，由郵局職員核實旅遊證件正本、收妥住址證明副本、銀行文件副本等。上述申請稅號的手續，除了到郵局辦理，也可以到汽車會分店辦，不過到汽車會人龍長得多，又要網上預約，到郵局辦理簡單多了。

郵局亦可以收考車牌的報名表，部份更可以代辦申領無犯罪紀錄證明書（俗稱良民證）的打手指模工作。不過此服務不普遍，不是每一間郵局都有此服務。

#6
疫服pick

鎖國踏入第九星期，第一次到重開後的 dressmart。這是位於中區 Onehunga 的時裝商場，商場內裏有三層停車場，超過100家服裝品牌，走中檔至平民路線，一年四季都在做特價，種類多尺碼齊，童裝、運動服、休閒服、西裝都有，到奧克蘭買衣服必不可錯過。

Dressmart 有點像香港東涌的東薈城，同樣是時裝 outlet ，但 dressmart　位於中區。商場呈阿拉伯數字8字型，只有一層。除了時裝外，也有幾家餐廳，買時裝之餘也可以吃點三文治或快餐。

Dressmart　附近的街道也有服裝店。注意：是服裝店而非時裝店。服裝店走的路線是平民化的衣服，最低五元十元有交易，但一則不是大牌子，二則質量沒有保證。但整個 Onehunga 區有它的特色，購物飲食應有盡有，值得偶爾去逛一逛。

#7
四天工作週？

香港人：我一星期工作五天半。

紐西蘭人：為甚麼要這麼辛苦？我一星期工作四天。

總理 Cindy (阿德恩的暱稱) 正研究四天工作週，想歎世界唔想做隻貓做隻狗的香港朋友，快點研究移民紐西蘭做打工皇帝喇喂！

參考：https://www.msn.com/en-nz/money/news/jacinda-ardern-flags-four-day-working-week-as-way-to-rebuild-new-zealand-after-covid-19/ar-BB14kS1P?li=BBqdg4K&ocid=mailsignout

#8
沒新聞的紐西蘭

yahoo/lifestyle Yahoo Lifestyle

Groom busted complaining about fiancée's wedding dress online

Kristine Tarbert · Features and Health Editor

22 January 2020

A groom wasn't happy with his future wife's wedding dress choice. Photo: Getty

紐西蘭，真係真係一個沒有新聞的地方。今日「要聞」：新郎話新娘件婚紗貴

參考：https://nz.news.yahoo.com/wedding-dress-complaint-online-bride-cancels-wedding-010702024.html

#9
無事便是好事

NEW ZEALAND

'Stingy, maddening, infuriating': Doctor slams bosses after patients' families go without tea or coffee

30 Dec, 2019 11:51 AM

3 minutes to read

DHB acknowledged a tea and coffee station on a neurology ward hadn't been set up for "a period of time". Photo /123RF

By Emma Russell
Reporter

VIEW PROFILE

紐西蘭對「大新聞」的定義，往往不能跟世界接軌。今日報章排第二位的大新聞說：醫院冇咖啡機令醫生嬲嬲豬。

參考：https://www.nzherald.co.nz/nz/stingy-maddening-infuriating-doctor-slams-bosses-after-patients-families-go-without-tea-or-coffee/NZ2PHBNBMFWSBI6KSQKORMTA24/

#10
疫情下的動物園

奧克蘭動物園在疫情下雖然關門了，但員工並沒有失業。員工要在園內扮遊客，跟動物拍照和逗笑，因為假若頓時沒有遊客，動物會感到不習慣。例如長頸鹿，一向是由遊客餵食的。為了不想長頸鹿有厭食症，員工要扮遊客餵長頸鹿。

#11
海鮮之國之青口篇

20隻紐西蘭青口，大家猜猜看，多少錢？

新鮮青口，在超級市場賣$3.99-$4.39一公斤

#12
海景無價

1news Top Stories Latest New Zealand World Sport Entertainment

Fair Go: New Plymouth couple sell home in disgust after neighbour ruins their sea views with a fence

By Hadyn Jones, Fair Go/Good Sorts Presenter
June 15, 2020 • Source: 1News

A New Plymouth couple whose sea views were blocked out in a neighbourhood dispute are selling their home in disgust.

Spat between neighbours leads to massive fence being built that blocks ocean view 05:51

New Plymouth District Council has put the whole issue in the too hard basket. (Source: Fair Go)

New Plymouth（北島某小鎮）一對老夫婦要賣房子，原因是他們享受了27年的海景，最近被鄰居的圍欄完全封住了。這不但是紐西蘭的新聞，而且最近連市政府都介入調停。

參考：https://www.tvnz.co.nz/one-news/new-zealand/fair-go-new-plymouth-couple-sell-home-in-disgust-after-neighbour-ruins-their-sea-views-fence

#13
欖球強國

欖球在紐西蘭受歡迎和重視到一個地步，令賽事相關新聞成為正點新聞的重要一部分。話說某晚六點新聞半路中途，新聞報導員突然說：以下是最新發生的一突發新聞，欖球隊 Warriors 領隊 Stephen Kearney 因為上場大敗，被管理層即時辭退，由助教 Todd Payten 接任。欖球球隊易帥可以臨時插入成突發新聞，可見這項「國技」在紐西蘭國民心中的重要性。

參考：www.tvnz.co.nz/one-news/sport/league/stephen-kearney-sacked-warriors-after-heavy-loss-souths?auto=0

#14 奧克蘭(戰爭紀念)博物館

分享一次參觀展覽的體驗：奧克蘭博物館地下層有野生生物年度攝影展，免費入場。展品有來自世界各地的參賽勝出相片，有動物、植物、海洋生物和昆蟲，有動態也有靜態。照片全部都捕捉到生命難以被捕捉的一刻，有展品更是北歐攝影師遠赴印尼或歐洲攝影師到南極的拍攝作品，十分吸引。

當日一到，遊人很多，其實有空可以在週日去可能遊客少一點。

博物館停車場泊車是要付費的。包圍著博物館的Domain 泊車免費，最多可泊120分鐘，留意指示牌，不要泊到5分鐘泊車區。

THE WORLD'S MOST PRESTIGIOUS NATURE PHOTO EXHIBITION
On now
AM
WILDLIFE PHOTOGRAPHER OF THE YEAR
HAERE MAI
WELCOME

#15
公廁也是旅遊景點

南島城市但尼丁經常在晚間新聞中榜上有名。這次新聞介紹的是一座101年歷史的公廁，和守衛它的「公廁女」。這是紐西蘭的特色，No news is good news。公廁可以是新聞，可以是古蹟，可以是旅遊景點。

https://www.stuff.co.nz/national/107733662/meet-the-loo-lady-flushing-out-dunedins-public-toilet-history

Meet the 'Loo Lady' flushing out Dunedin's public toilet history

Hamish McNeilly · 05:00, Oct 14 2018

HAMISH MCNEILLY/STUFF

Dunedin's 'Loo Lady', Alison Breese, is studying former public toilets in Dunedin.

#16
沒有英文標示的洗手間

毛利人是紐西蘭原住民，毛利文一般在主流學校是核心學科。但如果你從外地移民來，沒受過本地教育而不懂毛利文，也要學幾個單字，例如…

#17
紐西蘭也有民政事務局

今日造訪CAB，Citizen Advice Bureau 。中文儘管譯做市民諮詢局。地方小小，最重要的服務是太平紳士提供。今日帶同了大學本科和碩士畢業證書正副本，請求太平紳士核證副本的真確性，並簽名蓋印。其他需要核實副本真確性的重要文件，都可以到 CAB 找太平紳士幫忙。免費的，時間有限，先到先得。

#18
再談新移民求職

某日遊商場，咖啡店內有人在見工面試。圖右是咖啡店經理，左面是應徵者。我偷聽她們對話。在紐西蘭咖啡店工作，一般需要咖啡證書，經理問應徵者有沒證書，應徵者老實答說沒有。經理又問：你是哪裏人，會不會說外語。應徵者答說來自中國，會說流利國語。經理又很親切，說：沒有證書可以去考，我們這裏需要一個會國語的人。她們的會面不足三分鐘，但經理好像很滿意地回工作崗位去了。

在紐西蘭，新移民當然不一定要沖咖啡，但可以肯定，甚麼都不懂也不緊要，可以學，可以轉行，唯獨國粵語是優勢，大中華新移民絕對有優勢。

#19
屋和煮食爐

在紐西蘭，買屋大多附送煮食爐；租屋也大多連煮食爐。至於是法例規定還是約定俗成，就不得而知了。

家裏的煮食爐壞了兩個頭好幾星期，向管理公司報告，他們又遲遲等到今天才派電工來修理。

電工很自律，戴上口罩，入屋脫鞋。不過為甚麼要把鞋子放在廚房呢？

同門牌的五個單位屬同一個業主。電工說：先後多次造訪，為不同單位修理過爐。

我問電工：哪些爐比較耐用。他說首選煤氣爐。電爐之中，玻璃面的比金屬圈面耐用。

#20
欖球以外的國技

2021年5月23日星期日是歐聯決賽的大日子，但紐西蘭的傳媒一般都沒有報導，免費台也沒有直播。反而 Prime 台直播了投球超級聯賽總決賽，衛冕冠軍的 Pulse 對 Tactix。

投球（Netball）是女子運動的國技，在紐西蘭極受歡迎，一般女子中學都有校隊，再選拔精英加入市隊和國家隊的青年軍。

總決賽賽事到半場，Pulse 已領先10分，但 Tactix 第三節曾追到只落後5分，可惜其後無以為繼，被 Pulse 最後以43比31擊敗。

由於舉行總決賽的 Invercargill 仍於鎖國第二級，所以賽事不設現場觀眾，只預留雙方各80張門票予球員家屬。

#21
驗眼談

某天去驗眼，原價60元(約港幣318元)的全套檢驗，如今一毛錢也不用花。

買車一定要買汽車保險，買汽車保險的當天，職員游說我買醫療保險。到指定商號找視光師檢查視力加立體驗眼，過程約30分鐘。結帳不用先付錢再拿收據索賠，而是完全免費，只需出示保險公司會員卡，十分方便。

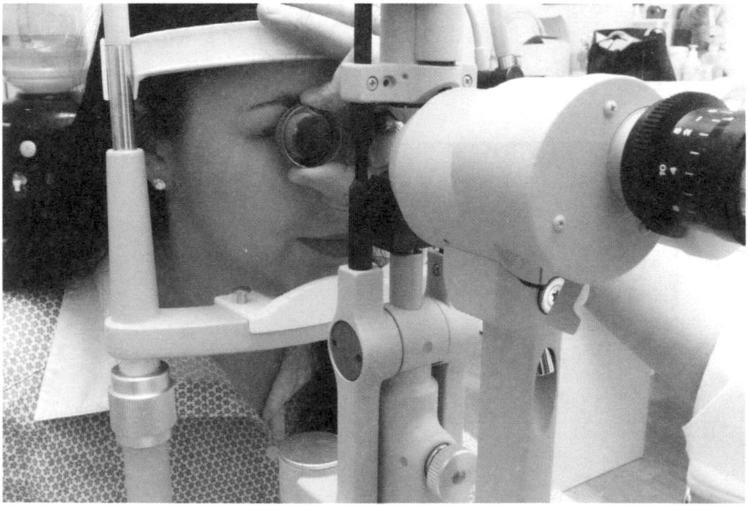

#22
紐西蘭的華人傳統食物

大約中秋前一個月，華人超級市場已開始有月餅開售。款式口味都是最大路幾種，價錢不敢評論，始終是入口貨，又是季節性，不能賣得太便宜。筆者想講的是：新移民不用有太大的鄉愁，尤其在食方面，除了月餅，紐西蘭也有糭、港式茶餐廳、粵式茶樓、雞蛋仔、珍珠奶茶、麻辣火鍋等。

每逢中國傳統節日，例如新年、端午和中秋，除了在華人超市可以買到年糕、糭和月餅外，不少華人團體都提供另外選擇，可以透過團體訂節日食物。年糕和糭有時是團體會員自家製的，也有透過不同途徑入口的。這些團體包括宗教團體，也有地區居民組織。

#23
方便購物的奧市

MULTIBUY
BUY 1 GET 1
FREE
ALL LA Colours
Cosmetics Range
MULTIBUY
BUY 1 GET 1
FREE
ALL LA Colours
Cosmetics Range

上網看一個有關移民的節目，主人翁一家三口移民加拿大的愛德華王子島。他們收拾細軟裝箱時，額外買了比所需更多的牙刷和百潔布！不錯，是一包三枝的普通膠牙刷，和洗碗用的百潔布！牙刷有便宜有昂貴，價錢不一，但百潔布一包五塊，在奧克蘭賣原價3元（約港幣$15.9），特價賣99仙（約港幣$5），而且兩樣都是消耗品，不消幾個月幾個星期便要換新的。你們買這些日用品移民去，可以節省20還是30元？

#24
蒙古燒烤

Suggestions from Gengis Khan
Please remember your choice is the best!

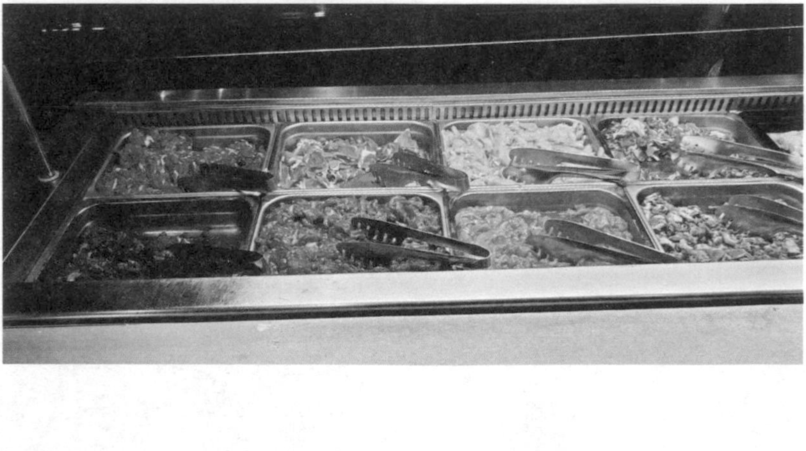

某晚到蒙古燒烤店吃晚飯。好吃，價錢合理，會再去。昨晚去的是 Epsom 的分店，近 Manukau Road 與 Greenlane West 的十字路口。

那是自助餐形式，湯和沙律可以由食客自由配搭。肉來自餐單「剔格仔」，員工按食客喜好夾肉類。也有洋蔥蒜頭等配菜，醬汁也有多款。即場燒烤。熱香餅雪糕任吃。

超過60張桌子，疫情下只招待了約十分之一。

#25
過海大橋封路了

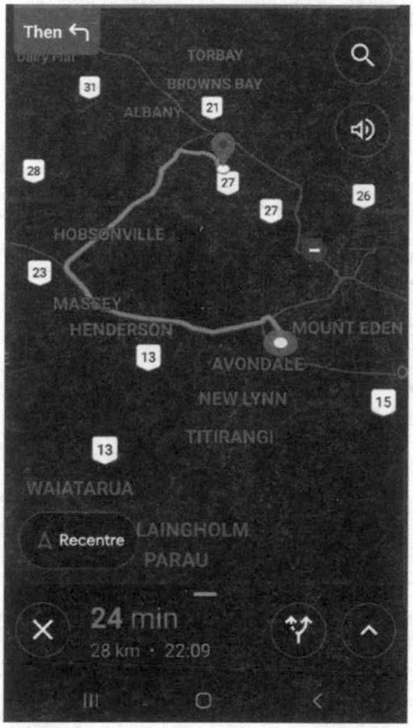

奧克蘭粗略可以分為東南西北中五個大區。其中北岸是頗為獨立的，跟東南西中緊靠地相鄰不同，往北岸，基本上只可以用大橋由中區市區前往，另一通道就是經西區的18號公路（見圖）」經 Henderson 往西北走再往東北走。有人很喜歡住北岸，但個人認為北岸靠大橋出入這一點十分不便，對住北岸沒有好感。

2020年9月18日橋上發生嚴重交通意外，大貨車傷害了大橋主體。截至執筆的一刻為止（18日晚上10時），大橋仍未解封。附圖顯示了中區Mt Albert 往北岸 Glenfield 的衛星導航路線，右面沿大橋走的路線封了，一定要由西區走，走多了兩三倍的路。

住北岸？不了！

參考：https://www.1news.co.nz/2020/09/18/damage-to-auckland-harbour-bridge-could-see-significant-reduction-in-traffic-capacity-for-several-weeks/

#26
毛利文化週

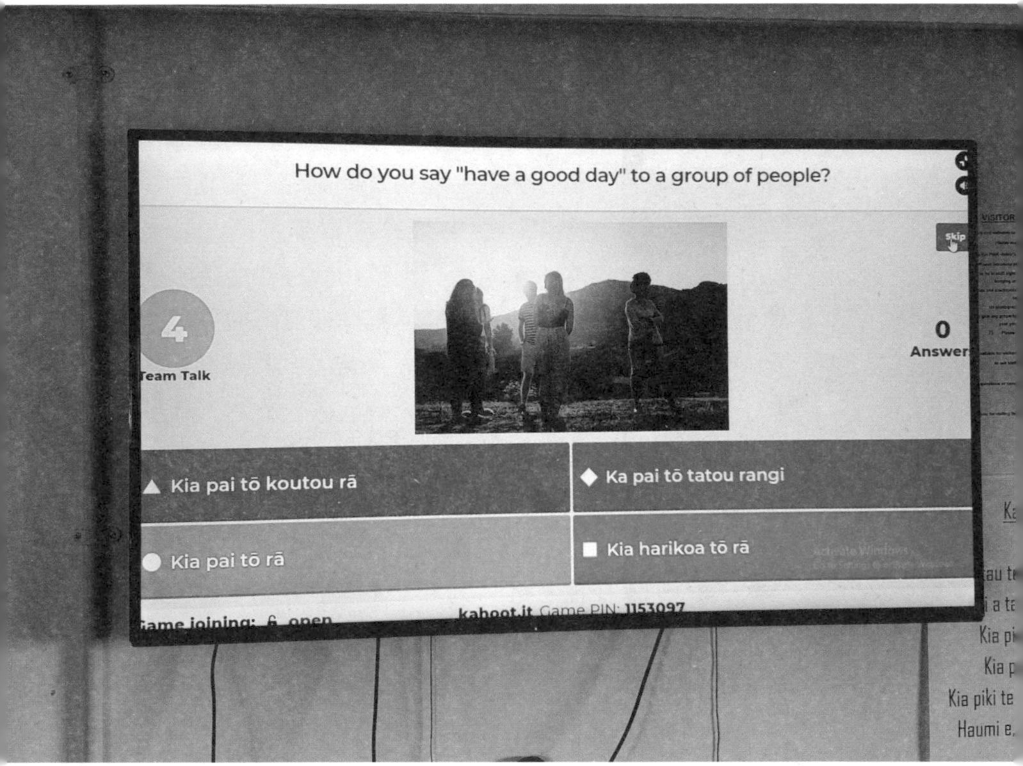
How do you say "have a good day" to a group of people?
4
Team Talk
0
Answers
Skip
Kia pai tō koutou rā
Ka pai tō tatou rangi
Kia pai tō rā
Kia harikoa tō rā
kahoot.it Game PIN: 1153097

在毛利文化週，部分電視節目會用英文溝通，但配上毛利文字幕。晚間天氣報告亦轉用毛利文。

工作的院舍為配合毛利文化週，其中一天也特意安排了相關活動。當日下午有七個工作人員，照顧四個院友。

這些相關活動，先是由一個職員彈結他，大家學唱毛利語歌。毛利語歌大多節奏輕快，調子熱情，可以用夏威夷或菲律賓民歌類比。

接著的節目由另一個同事主持 kahoot 問答遊戲，餘下六個職員和四個院友隨意分成四組，兩或三人一組，用手機上網登入搶答多項選擇題，問題全部和毛利語／毛利文化有關。我對這方面的認識僅是皮毛上的微塵，完全一個豬隊友，連累隊友，包尾了。

#27
極端天氣

METSERVICE SAYS UP TO 15CM OF SNOW
HAS FALLEN IN PARTS OF SOUTHLAND
JARED MCCULLOCH
OHAI
1 news

戶外採訪極端天氣的香港電視台新聞報導員，90年代有廖忠平，近年有冼志。這個崗位，是否抽籤輸了上場？無從稽考。某日紐西蘭 1 News 的 Jared Mcculloch 到南部城市 Otago 採訪遇上突如其來的大雪。你看，右邊臉滿是雪，左邊還是「好好的」。天氣專家說，冷鋒是來自南極洲的，南島有些地方當晚只有0度。所以，居住在紐西蘭，還是選擇氣候宜人的城市好，奧克蘭的氣候比較好，Otago 的就業機會不如奧克蘭。

昨天奧克蘭還有春天的感覺，今天日間氣溫驟降到只有15度，晚上只有11度。

#28
電視直播學界體育賽

紐西蘭是一個喜歡體育的國家。欖球是國家大大事，板球是大事，連中學球賽也不是小事。某日星期六下午，幾個電視台接連播影中學女子籃球賽、全國初中 touch rugby 和分區女子欖球賽。全部有電視多機拍攝、記分員分析比賽攻守統計數字、冠名贊助、場邊廣告牌等，十分認真和受重視。

#29
談Churros

談到西班牙甜品，我會選擇 Churros。在奧克蘭，不難找到售賣 Churros 的小店。小店賣的比較便宜，亦可選擇配以不同醬汁。今日在餐廳吃 Churros，長度如手掌的冬甩條，配上濃朱古力醬。加上一瓶 Nakd artesian sparkling mineral water，是任何一道主菜的最佳伴侶。我家離 Dominion Road 分店比較近，但今晚到了 New Market 店，如果有事到北岸的話，或許會試 Orewa Beach 店。

#30
大選和公投

談投票。2020年大選除了決定誰是總理和選出當區議員，還有就安樂死合法化和大麻規範化作公投。紐西蘭的大選為期兩星期，不同票站的開放時間也不同，有的開足七天，有的只開一至四或五；有的開兩星期，有的只開一星期。

投票不用核對身份證，事實上紐西蘭也沒有身份證這回事。只要向工作人員說出姓名、出生日期和地址，核對駕駛執照或護照，便能取得選票。

投票站有的在商場內租空置的臨時店鋪，也有借用社區設施，例如社區中心或會堂、各民族的聚會會堂或宗教團體的非崇拜用會址等。

#31
方便購物的奧市II

筆者當年曾聽過一個故事：有人回港探親，順道買了大量牙科保健品回紐西蘭：牙刷、牙膏和牙線棒等，理由是這些東西在香港較便宜。

試比較一下，牙線棒在奧克蘭一家日本家品店賣紐幣$3.5兩盒共140枝，同樣貨品在香港屈臣氏賣$12.5三盒共150枝。換算過後，香港平均價是紐西蘭的六六折，比例算大，但實際只省下約6港元，值得如此費周章從香港運過來嗎？

是日逛的日本家品店，類似香港的十元店，店內九成以上貨品劃一售$3.5，折合港幣$17.5。3件特價十元。一般家品齊全，走小家品路線，貨品一般都細件精美。

#32
哪個行業最吃香？

當好想搵工的人遇上好想搵人的工，就會有人凌晨12點幾遞求職信，對方凌晨12點幾回覆。我肯定回覆是手動的，因為內容是因應我的求職信而回應的。社工工作需求很大，社工工作需求很大，社工工作需求很大，重要的要講三次。

#33
移民職工掙扎求生記

今天到連鎖快餐店吃 junk food，目擊一個南亞裔移民職工掙扎求生記。

有婦人對職員說：冷氣冷得要命

職員(顯然英文不好)：不好意思？

婦人：冷氣，很冷

職員：冷？雪糕機壞了，今天沒有雪糕

婦人：不！冷氣！很冷！(動作溝通)

職員這才明白。

及後，有顧客在用餐，該職員又來用蹩腳的英文打擾，說：不好意思，你點的是芝士漢堡，付款也是芝士漢堡，但我們錯給你特級牛堡，請來這邊付差價$1.4。

顧客：甚麼？搞甚麼鬼？

職員：你少付了$1.4，請過來這邊。

顧客：你戲弄我嗎？吃了一半，明明是你的錯，你要我多付錢？

兩人還來往爭執了幾句，顧客當然越說越生氣。後來經理出面調停，$1.4不了了之，才平息風波。

不是南亞不南亞的問題，是言語溝通的問題，也是做事文化風格的問題。

她也能移民外國生存，移民有那麼難嗎？

#34
Howick Historical Village

是日暢遊 Howick Historical Village，位於 Lloyd Elsmore Park 裏面。Village　內有大約三十多幢小屋，有診所、餐廳、學校、教堂等，全部保持了19世紀的二百年前風貌。地方很大，約一個小時逛完。雖然是遊客點，當日又是公眾假期，但遊人不多，只有大約三個家庭遊園。

#35
移民職工掙扎求生記II

家人收到一個自稱是內地速遞公司的電話，家人由於擔心是騙案，於是用英文回應，對方只能以蹩腳的英文單字答話。來回了幾輪，才知道對方是真職員，來電是要談一兩星期前一件包裹的事情，家人這才放心，用國語回應。

所以，英文不好也不用擔心在紐西蘭找不到工作，會國語一樣管用。

#36
塞車記

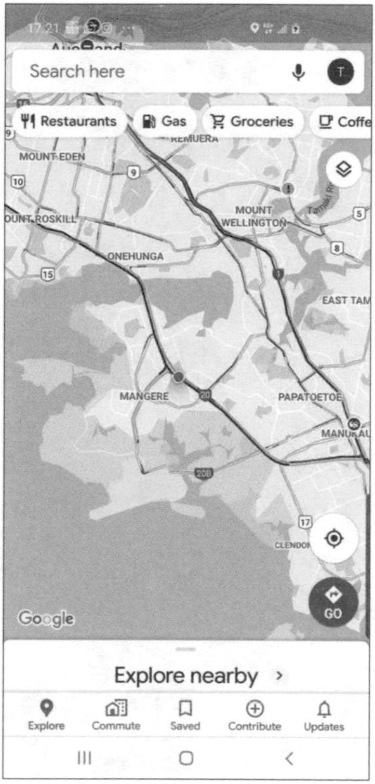
Search here
Restaurants
Gas
Groceries
REMUERA
MOUNT EDEN
MOUNT WELLINGTON
ONEHUNGA
EAST TAM
MANGERE
PAPATOETOE
CLENDON
Google
GO
Explore nearby
Explore
Commute
Saved
Contribute
Updates

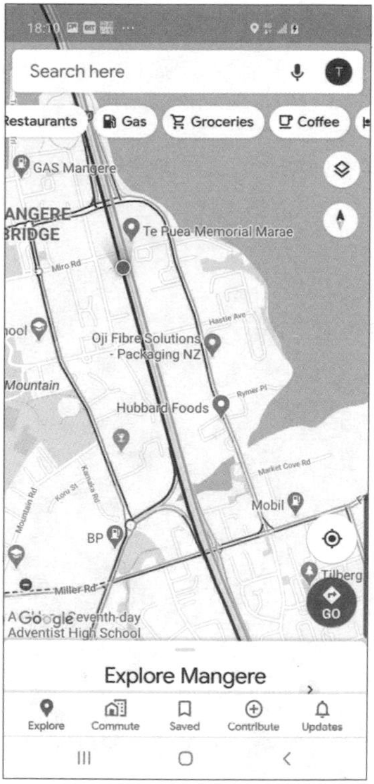
Search here
Gas
Groceries
Coffee
GAS Mangere
Te Puea Memorial Marae
Miro Rd
Oji Fibre Solutions - Packaging NZ
Hubbard Foods
Mobil
BP
Miller Rd
Google
Seventh-day Adventist High School
GO
Explore Mangere
Explore
Commute
Saved
Contribute
Updates

某日下班回家遇上災難性大塞車。約18公里的路程，平時只需25至30分鐘，35分鐘以上屬罕見，昨日花了1小時50分鐘。

5時21分，我在藍點的路段，黑線代表公路南向北嚴重塞車，旁邊黃色代表北向南行車正常。5時48分鐘，27分鐘過去了，只前進了不到1公里。

其實整體而言，奧克蘭的塞車問題不算嚴重，常態塞車的只有北岸大橋。另外，東區的主街 Ti Rakau Drive 也有塞車的問題，不過主要出現在上班下班的繁忙時間，跟香港的將軍澳隧道、觀塘市中心和屯門公路相比，不過是小巫見大巫。

#37
塞車記II

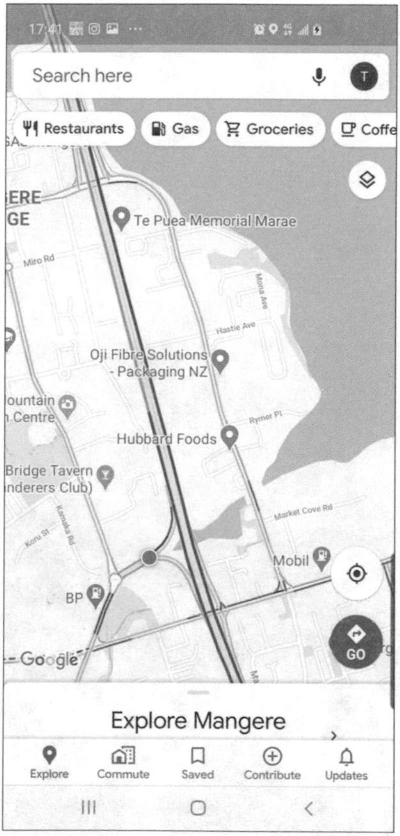
17:41
Search here
Restaurants
Gas
Groceries
Coffe
Te Puea Memorial Marae
Miro Rd
Mona Ave
Hastie Ave
Oji Fibre Solutions
- Packaging NZ
Rymer Pl
Hubbard Foods
Market Cove Rd
Koru St
Mobil
BP
Google
Explore Mangere
Explore
Commute
Saved
Contribute
Updates

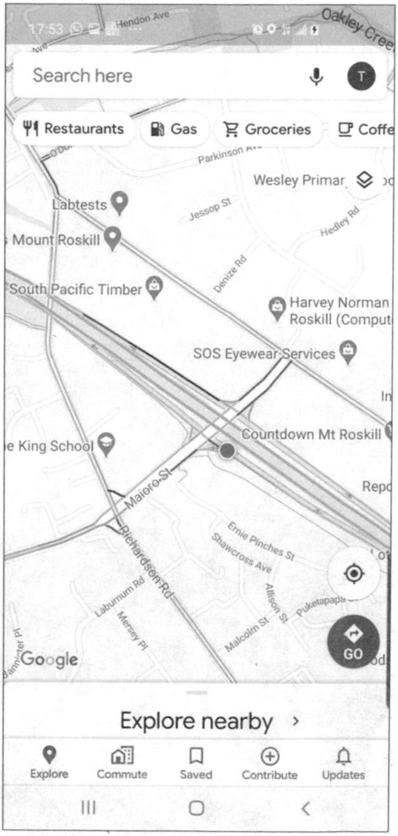
17:53
Hendon Ave
Oakley Cree
Search here
Restaurants
Gas
Groceries
Coffe
Parkinson Ave
Wesley Primar
Labtests
Jessop St
Mount Roskill
Hedley Rd
Denize Rd
South Pacific Timber
Harvey Norman
Roskill (Comput
SOS Eyewear Services
Countdown Mt Roskill
e King School
Maioro St
Richardson Rd
Ernie Pinches St
Shawcross Ave
Laburnum Rd
Mersey Pl
Allison St
Malcolm St
Puketapapa
Google
GO
Explore nearby
Explore
Commute
Saved
Contribute
Updates

一齊看看交通正常的20號公路是怎樣的。左圖是入公路前，我在藍點，入口黑色到深紅色，稍為塞車。進公路後大致行車暢順，所以呈橙色。右圖是出公路後，呈黃色，行車非常暢順。

#38
記得記得記得比較價格

在奧克蘭購物一定必定堅定要格價。同牌子同容量的洗頭水，不同超市一間賣17元一間賣8元。青口同樣差一半價錢。洋人超市價4.49一公斤，亞洲超市1.99一公斤，產地同樣是紐西蘭。

#39
煙花節

11月5日是煙花節（Guy Fawkes Day），全國星期一起四天（11月2至5日）都可以公開買賣煙花，但買方必需18歲以上。一般超級市場和部份小店都可以買到煙花。

雖然明天才是正日，但附近已有人急不及待要放煙花了。

#40
一樣生活在紐西蘭你可能會忽略的細節

去超級市場要注意保溫？對，紐西蘭的超級市場很大，凍肉部、冷凍食品部佔地不少，所謂凍肉部根本是一個三四千平方呎的大冰箱。筆者試過到凍肉部選購食物時，因停留太久而冷病了。所以建議入凍肉部前要想清楚要購物的清單，入凍肉部選購時快買快走，避免冷倒。

#41
係愛呀，哈利！

紐西蘭是一個很有愛的國家。鄰居今天搬出，出發移民到澳洲。這個星期不斷在清理和收拾，多餘的東西帶不走，向附近每戶鄰居送一紅一白兩枝酒。

另一幅圖，我是特更健康助理，有需要時才按排班工作，一星期只工作一至兩天。碰巧過去四星期正更員工排班滿了，我自十二月初至一月中亦沒有上班。今天上班，同事送我一份禮物，是由公司送出的，裏面有兩張由管理層親手寫的聖誕卡、一盒牛油曲奇、一盒咖啡粉和一張刮刮樂彩票。彩票刮不中，但公司的心意和同事好心保存禮物一個月仍窩心。

早前封城期間，學校送來食物盒，所有住在西區的同學們集合在 Lincoln Road KFC 等領食物。不枉我們等了一小時，食物盒中有一盤雞蛋、兩條麵包、一隻熟燒雞、柑、蘋果，還人性化到連薯片也有，很窩心。

KILIKANOON
BAROOTA RESERVE
SHIRAZ
2016
SOUTH AUSTRALIA

CHRISTMAS CROSSWORD
NESCAFÉ
CAPPUCCINO
DECAF
SERVES 10 COFFEES
Walkers
Love Scotland

#42
熱烈祝賀紐西蘭贏得2020奧運七人女子欖球賽金牌！

上屆里約熱內盧奧運亞軍紐西蘭，在今屆決賽憑Gayle Broughton在加時賽的一腳黃金入球，以22比17險勝法國贏得金牌。

紐西蘭女子隊早前已贏得世界巡迴賽、世界盃和英聯邦運動會冠軍。連今屆奧運金牌，女子七欖隊完成「四料冠軍」。

值得一提的是，紐西蘭陣中有一名主力球員名叫 Tyla Nathan－Wong，她有亞裔血統。直播決賽的一刻，電視台到她家採訪她一家觀看賽事。記者訪問了Tyla的「公公」(Gung Gung)，而非「祖父」(Grandfather)，猜估「公公」極有可能是華人。

結語：紐西蘭人的壞習慣

筆者2012年離開紐西蘭回港，其中一個原因是受夠了態度惡劣的紐西蘭司機，這一點即使我在2020年回紐也沒有改變。

第一壞習慣是欠耐性。限速80的高速公路，如果我開時速80公里，不難會發現自己被後車緊貼，然後被時速100甚至更加超越。這不是個別例子，開標準速度而被別人越車很常見。紐西蘭人好像不怕超速罰單似的。試過在限速50的路上開45左右，後面的司機找到空間便超越我，並向我扔雜物和講髒話，可見紐西蘭人開車欠缺耐性。

第二壞習慣也出現在交通上。給駕駛者看的紅綠燈，紅燈停車、黃燈準備停車、綠燈開車。紐西蘭是沒有紅黃燈的。即使黃燈亮起，紐西蘭司機也習慣衝燈尾。於是在十字路口，輪到我綠燈可開車，也不難發現有轉彎或橫過的車仍然在衝燈尾。所以，即使我在路上由紅燈轉綠燈，我也習慣等一秒，確保橫行的車龍清空了才開車。

第三個壞習慣也出現在交通上！不少紐西蘭司機都不習慣轉線或轉彎打燈！這是很危險的事情！

結語之後：

紐西蘭人的三個習慣都出現在道路上，而我的工作以至日常生活都必需開車，所以令我一度離紐回港。不過，紐西蘭也有她可愛的地方，所以才值得我花時間經營面書專業和寫這本書，跟大家分享我的個人經歷與意見。

Tēnā koutou katoa （毛利語：大家再見！）

附錄
港紐物價比較（截至2022年1月）

物件	份量	港價	份量	奧克蘭價	奧克蘭物港價
意粉	500g	16.90	500g	2.00	9.90
鹽	500g	2.90	1kg	1.40	3.15
油	3 x 900l	75.90	1l	3.00	40.10
米	2kg	35.90	1kg	2.80	27.72
豉油	310ml	57.90	250ml	3.20	19.64
白糖	800gm	11.50	500gm	1.80	14.40
東莞米粉	400gm	9.9	400gm	1.99	9.95
蕃茄1kg	1kg	29.90	1kg	2.99	14.95
薯仔1kg	1kg	8.90	1kg	2.99	14.95
雞蛋12隻		27.90		6.00	30.00
雞中翼1kg		64.90		14.00	70.00
火腿1kg	200g	29.90	100	3.49	34.90
牛奶1L	946ml	23.90	1L	2.35	11.16
麵包一條		9.90		3.50	17.5
雞肶	1.5lb	23.00	5kg	22.00	15.00
三文魚扒		49.90		30.00	150.00
帶子一包	225g	20.90	1kg	66.67	75.00
豬腩肉	200g	50.90	1kg	23.00	23.00
蘋果	3pc	16.90	6pc	4.50	11.25
梨	3pc	12.90	4pc	5.99	22.46
蕉	1lb	4.20	850gm	2.50	6.68
洗頭水	700ml	59.90	620ml	15.99	90.27
沖涼梘液	1L	79.90	500ml	6.00	60.00
洗手梘液	750ml	69.90	500ml	3.00	22.50
GEL頭	200g	39.90	300g	8.50	28.30

物件	份量	港價	份量	奧克蘭價	奧克蘭物港價
洗衣粉	2kg	36.90	1kg	4.50	45.00
滴露	600ml	36.90	500ml	3.00	18.00
廁紙	24pc	55.00	12pc	5.00	50.00
洗潔精	1.3L	25.90	1.3L	5.00	25.00
牙膏500G	2pc	35.00	2pc	5.00	25.00
牙刷	3pc	26.90-49.90	3pc	1.00-7.00	5.00-35.00
餐刀	1pc		1pc	8.99	44.95
餐叉	1pc		1pc	8.50	47.50
2.4L廚房水壺	1pc		1pc	15	75.00

移民紐西蘭

優悠生活指南

作者　　：賣字人
出版人　：Nathan Wong
編輯　　：尼頓
設計　　：叉燒飯

出版　　：筆求人工作室有限公司 Seeker Publication Ltd.
地址　　：觀塘偉業街189號金寶工業大廈2樓A15室
電郵　　：penseekerhk@gmail.com
網址　　：www.seekerpublication.com

發行　　：泛華發行代理有限公司
地址　　：香港新界將軍澳工業邨駿昌街七號星島新聞集團大廈
查詢　　：gccd@singtaonewscorp.com

國際書號：978-988-75975-2-0
出版日期：2022年3月
定價　　：港幣108元

筆求人
Seeker Publication

PUBLISHED IN HONG KONG